全国高考语文现代文阅读

"热点作家"
经典作品精选集

试卷上的作家

鸟儿细语

辛 茜／著

张国龙／主编

延伸阅读　备战高考

适合考生做语文阅读的散文集
走进语文之美，领略阅读精髓

高中版

丰富的阅读素材

从童年往事到世间百态
从青葱校园到异域风光
开拓视野，看见世界，提升写作能力和人文素养

四川文艺出版社

图书在版编目（CIP）数据

鸟儿细语 / 辛茜著. -- 成都：四川文艺出版社，
2023.7
（试卷上的作家）
ISBN 978-7-5411-6723-2

Ⅰ.①鸟… Ⅱ.①辛… Ⅲ.①阅读课—中学—教学参
考资料 Ⅳ.①G634.333

中国国家版本馆CIP数据核字（2023）第124033号

NIAOER XIYU
鸟儿细语

辛 茜 著

出 品 人	谭清洁
责任编辑	朱 兰　蔡 曦
封面设计	宋双成
内文设计	宋双成
责任校对	文 雯

出版发行　四川文艺出版社（成都市锦江区三色路238号）
网　　址　www.scwys.com
电　　话　028-86361802（发行部）　028-86361781（编辑部）

排　　版	北京书香文雅图书文化有限公司		
印　　刷	三河市兴国印务有限公司		
成品尺寸	165mm×235mm	开　　本	16开
印　　张	14	字　　数	170千
版　　次	2023年7月第一版	印　　次	2023年7月第一次印刷
书　　号	ISBN 978-7-5411-6723-2		
定　　价	39.80元		

总 序

情感和思想的写真

张国龙

和小说、诗歌等相比，散文与大众更为亲近。大多数人一生中或多或少会运用到散文，诸如，写作文、写信、写留言条等。和小说相比，散文大多篇幅不长，不需占用太多的读写时间；和诗歌相比，散文更为通俗易懂。一句话，散文具有草根性和平民性气质。

在中小学语文课本中，散文篇目体量最大。换句话说，散文是中小学语文教学不可或缺的资源。中学生所学的语文课文大多是散文；小学生初学写作文，散文便是最早的试验田。从某种意义上说，中小学作文教学就是散文教学，主要涉及记叙性散文、抒情性散文和议论性散文。在中考、高考等各类考试中，作文的写作离不开这三类散文，甚至明确规定不可以写成诗歌。可见，散文这一文体在阅读和写作中占据了举足轻重的地位。

然而，散文作为一种"回忆性"文体，作者需要丰富的生活经历和厚重的人生体验。散文佳作，自然离不开情感的真挚性和思想的震撼性。因此，书写少年儿童生活和展现少年儿童心灵世界的散文，无外乎两类：一是成年作家回望童年和少年时光；二是少年儿童书写成长中的自己。这两类散文可统称为"少年儿童本位散文"。显而易见，前者数量更大，作品质量更高。事实上，还有相当一部分散文作品，虽然并非以少年儿童为本位，却能被少年儿童理解、接受，能够滋养少年儿童的心灵。

这套丛书遴选了众多散文名家，每人一部作品集。这些作家作品可以分作两类。一类是主要从事儿童文学创作的作家，基于少年儿童本位创作的散文，比如吴然的《白水台看云》、安武林的《安徒生的孤独》、林彦的《星星还在北方》、张国龙的《一里路需要走多久》。另一类是主要创作大众文学的作家，虽不是专为少年儿童创作，却能被少年儿童接受的散文，比如，刘心武的《起点之美》、韩小蕙的《目标始终如一》、刘庆邦的《端灯》、曹旭的《有温度的生活》、王兆胜的《阳光心房》、杨海蒂的《杂花生树》、乔叶的《鲜花课》、林夕的《从身边最近的地方寻找快乐》、辛茜的《鸟儿细语》、张丽钧的《心壤之上，万亩花开》、安宁的《一只蚂蚁爬过春天》、朱鸿的《高考作文的命题与散文写作》、梅洁的《楼兰的忧郁》、裘山山的《相亲相爱的水》、叶倾城的《用三十年等我自己长大》、简默的《指尖花田》、尹传红的《由雪引发的科学实验》。一方面，这些作家的作品皆适合少年儿童阅读；另一方面，这些作家的某些篇章曾出现在中小学生的语文试卷上。因此，可以称他们为"试卷上的作家"。

通观上述作家的散文集，无论是否以少年儿童为本位，都着力观照内心世界，抒发主体情思，崇尚真实、自由、率性的表达。

这些散文集涉及的题材多种多样，大致可分为如下三类：

其一，日常生活类。"叙事型"和"写景状物型"散文即是。铺写"我"的童年、少年生活中真实的人、事、情、景。以记叙为主，抒情与议论点染其间。比如，刘庆邦的《十五岁的少年向往百草园》

以温润的笔触，描摹了"我"在十五岁那年拜谒鲁迅故居的点点滴滴，展现了一个乡村少年对大文豪鲁迅先生的渴慕与敬仰。安武林的《黑豆里的母亲》用简约的文字，勾勒出母亲一生的困苦、卑微和坚忍，字里行间点染着悲悯与痛惜。

其二，情感类。通常所说的"抒情型"散文属此范畴，即由现实生活中的人、事、情、景引发的喜、怒、哀、乐等。以渲染"我"的主体情思为重心，人、事、情、景等是点燃内心真情实感的导火索。比如，梅洁的《童年旧事》饱蘸深情，铺叙了童年的"我"和同班同学阿三彼此的关心。一别数十载，重逢时已物人两非。曾经有着明亮单眼皮眼睛的阿三，已被岁月淘洗成"一个沉静而冷凝的男子汉"。"我"不由得轻喟"成年的阿三不属于我的感情"。辛茜的《花生米》娓娓叙说了父亲为了让"我"能吃到珍贵的花生米，带"我"去朋友家做客，并让"我"独自留宿。一夜小别，父女似久别重逢。得知那家的阿姨并没有给"我"炸花生米吃，父亲欲说还休。多年之后的"我"，回忆起这件事仍旧如鲠在喉。

其三，性情类。"独白型"散文即是。心灵世界辽阔无边，充满了芜杂的景观。事实上，我们往往只能抵达心灵九重天的一隅。在心灵的迷宫中，有多少隐秘、幽微的意识浪花被我们忽略？外部世界再大也总会有边际，心灵世界之大却无法准确找到疆界，如同深邃莫测的时光隧道。每天一睁眼，意识就开始流动、发散，我们是否能够把内心的律动细致入微地记录下来？这必定是高难度写作。如果我们追问个体生命的具体存在状态，每一天的意识流动无疑就是我们存在的最好确证。比如，曹旭的《梦雨》惜字如金，将人的形象和物的意象有机相融，把女性和江南相连缀，物我同一。

尤其是把雨比喻成女孩，"第一次见面，你甚至不必下，我的池塘里已布满你透明的韵律"，空灵、曼妙，蕴藉了唐诗宋词的意味。乔叶的《我是一片瓦》由乡村习见的"瓦"浮想联翩，岁月倥偬，"瓦"已凝结成意象，沉入"我"的血脉，伴随我到天南海北。"瓦"是"我"写作的情结，更是另一个"我"。杨海蒂的《我去地坛，只为能与他相遇》，"我"因为喜欢史铁生的《我与地坛》而一次次去地坛，真真切切地感受史铁生的轮椅和笔触曾触摸过的一草一木。字里行间，漫溢出一个人对另一个人的体恤与爱怜、一位作家对另一位作家的仰望与珍视。或者说，一个作家文字里流淌的真性情，激活了另一个作家的率性和坦荡。

不管是铺写日常生活、表达真挚情感，还是展现率真性情，上述作品大体具有如下审美特征：

其一，真实性。从艺术表现的特质看，散文是最具"个人性"的文体，一切从自我出发。或者说，散文就是写作者的"自叙传"和"内心独白"。这就决定了散文的内容，其人、事、情、景等皆具有真实性，甚至可以一一还原。当然，真实性在散文中呈现的状态是开放、多元的，与虚假、虚构相对抗，尤其体现在表象的真实和心理的真实。不管是客观、物化的真实，还是主观、抽象的心理真实，只要是因"我"的情感涌动而吟唱出的"心底的歌"，就无碍于散文的"真"。散文的真实，大多体现为客观的真实，即"我"亲历（耳闻目睹），"我"所叙述的"场景"实实在在发生过，甚至可以找到见证人。对事件的讲述甚至具有纪实性，与事件相关的人甚至可以与"我"生活中的某人对号入座。叙写的逻辑顺序为："我"看见＋"我"听见＋"我"想到，即"我"的所见、所闻和所感，且多采取"叙述＋抒情＋议论"的表现方式。比如，林彦的《夜别枫桥》，少年的"我"先是遭遇父母离异，而后因病休学，独自客居苏州。那座始终沉默无语的枫桥，见证了"我"在苏州的数百个日日夜夜。那些萍水相逢的过客，给予了"我"终生铭记的真情。

其二，美文性。少年儿童散文通常用美的文字，再现美的生活，营造美的意境，表现美好的人情、人性和人格，是真正的"美文"。比如，吴然的《樱花信》，语言叮当如环佩，景物描写美轮美奂，读来令人神清气爽，齿唇留香。"阳光是那样柔和亮丽，薄薄的，嫩嫩的，从花枝花簇间摇落下来，一晃一晃地偷看我给你写信……饱满的花瓣，那么嫩那么丰润，似乎那绯红的汁液就要滴下来了，滴在我的信笺上了。你尽可以想象此刻圆通山的美丽。空气是清澈的，在一缕淡淡的通明的浅红中，弥漫着花的芬芳……昆明人都来看樱花，都来拜访樱花了！谁要是错过了这个芬芳绚丽的节日，谁都会遗憾，都会觉得生活中缺少了一种情调、一种明亮与温馨……"安宁的《流浪的野草》，文字素面朝天、洗尽铅华，彰显了空灵、曼妙、清丽的情思。"燕麦在高高的坡上，像一株柔弱的树苗，站在风里，注视着我们的村庄。有时，她也会背转过身去，朝着远方眺望。我猜那里是她即将前往的地方。远方有什么呢，除了大片大片的田地，或者蜿蜒曲折的河流，我完全想象不出。"

其三，趣味性。少年儿童生活色彩斑斓，充满了童真、童趣。少年儿童散文不论是写人、记事，还是抒情、言志，皆注重生动活泼、趣味盎然。与此同时，人生中的诸多真谛自然而然地流淌于字里行间，从而使文章具有超越生活的理趣，既提升了文章的境界，又能陶冶阅读者的性情。比如，王兆胜的《名人的胡须》，用瀑布、白云、大扫帚、括弧、燕子等各种事物类比各个名人各具特色的胡须。稀松平常的胡须看似可有可无，却有着不同寻常的意义。古今中外名人与胡须的逸事，读来令人莞尔，幽默、风趣的笔调里蕴含着举重若轻的哲理。张丽钧的《兰花开了18朵》，"我"时常和蝴蝶兰说话，如母亲的斥责，似闺密的呢喃，像恋人的娇嗔，满满的人间情怀里渗透着天然的机趣。"我家这株蝴蝶兰，真真是个慢性子——一簇花，耗费了整整66天的时间，才算是开妥了。从2月24日到5月1日，总共开了18朵花，平均3.67天开一朵。我跟她说：'亲呀亲，你可是我拉扯大的呀，咋这脾性半点儿都不随我呢？这么慢条斯理地开，你是打算把全部春光都占尽了吗？'"

　　散文创作通常与作者的亲身经历密切相关，尤其注重展现真性情，因此散文抒写的往往是个人的心灵史和情感史。这些散文作品不单是中学生写作的范本，还是教导中学生为人处世的良师益友！

2022 年 10 月 18 日

于北京师范大学

序 言

辛 茜

生活与精神世界永远是一个写作者创作的核心主题。当我让自己的生命之树，在诞生与成长中渐渐成熟，接纳更广阔的理解与想象，人类光辉的一面与大自然的声音、色彩、气味，犹如交响乐般在我眼前闪动。我感到自己融入了这个世界，而景与情、梦幻与自然融合的抒情文字，会把我的苦闷与茫然、喜悦与梦想，以及高原如诗如画的景致、野生生灵的生存意境，这样一些萦绕在我脑海中的东西，随着童年的远去、光阴的流逝，无比舒畅地表达出来。

很多时候，我会心存感激地想起我身边栩栩如生的一些人和事，在寂寞中享受着他们在我懵懂而充满好奇的年龄，在对任何事都抱有天真与痴想，认知成人世界时产生的影响，让我意识到一个人一生最重要的，不是在世人心目中占据什么位置，而是应该做一个怎样的人。逐渐地，我学会了如何在艰难的思索中承受苦难，在屈辱与误解中保持尊严，用希望的微光鼓励自己努力前行。我想，这是我作为一个平凡的人，应该做的事。

中学时代，每一个人都像奋力拔节的树苗，带着几分烂漫和幼稚的信念，从深不可测的土地中无限制地扩展根须汲取力量，增添着新生命的循环。但是，不到一定时候，人无法做到真正地"认识自己"，至少我个人是这样。古往今来，自知之明者甚少，好为人师者居多。事实上，优秀的人都是真诚的反省者，只有不断地悔悟，才能有所收获。自然赋予了人类才华与心性，但越是自然的东西，越接近生命的本质，而牵动我至深感情的始终是爱。因此，《花生米》中的人情冷暖；《红棉猴》中的父爱；《玻璃球》带来好运的热望；《丢失的快乐》中祖母的尊严，这些既是珍藏在我心灵深处的记忆，也是属于我的人生。

四季丰饶，天地生辉。《春天的青海湖》《七月的洮河》，让我在自然天成的大美面前，变得无比虔诚、卑微。《心愿》《丁香般的人生》《留给鸟儿吃》，让我感受到了自然赋予人类本性中的美德与善良。

大地用坚韧与信念铸就了和谐，年轻的生命在不可知的未来憧憬着理想。我确信，最无限、最自由的莫如心灵。听从心灵的声音，像野花一样在属于自己的寸肤之间悄然开放，就是最美、最优雅的生活。我从小生活在青海高原，我深信哪儿也比不上高原洁净而空旷的荒野，那浮云轻移、色彩斑斓的地平线变换出的千姿百态；那远离喧嚣、超脱尘世的宁静与安详，是珍藏在我童年记忆深处的秘密，是云雀栖在树枝上的清唱，是黎明之色带给人世间的第一缕曙光。

一直以为，写作者可以揭露黑暗、人性的丑陋，但更应该表现同情和善良、美丽和崇高。俄国作家陀思妥耶夫斯基艰难踟蹰一生，精神上的抑郁，长达九年的苦役和兵营生活，加重了他对人生苦难和社会阴暗的感觉，使他的作品描绘出了人内心的全部深度。但他依然怀有对贫苦人的悲悯之心，相信"美能够拯救世界"。出身书香门第、受过良好教育的民间音乐家王洛宾，命运多舛，但他在青藏高原、塞外戈壁、草原牧场留下的歌声始终情真意切、爱意缠绵。即使身陷囹圄，遭遇不幸和磨难，他创作和搜集改编的歌曲仍然散发着泥土的芳香，欢快、优美、动听。

　　写作是一件痛苦而幸福的事，而这个世界上苦难和幸福都是再平凡不过的事。不知什么时候，精神生活的庸俗化，成了我们这个时代的普遍存在。情感生活的淡化、自私与冷漠，更是阻隔了人与人之间的真诚与交流。散文是情绪的流露，是发现、观察、描绘、体验，也是自然和人生的返照，在这样一个纯真、感性的世界里，平和而真诚的言情达意、朴素而含蓄的情景交融，怎么能不使人暂时超越尘世烦恼，在恬静安宁的气氛中，开启每一个人原本都有的那颗纤尘不染的童心。当然，这部书中呈现给中学生的文字，还远远达不到这样的境界。感知力的成熟，拥有自己特色的叙述和坚持，是一个漫长且需要十分努力的过程。在此，只能希望阅读到这部小书的读者，能够在我所向往的万物和谐的理想和情感中，得到一点共鸣。

2022 年 4 月 6 日

目录 CATALOGUE

/ 试卷作家真题回顾 /

牧归 / 2

/ 试卷作家美文赏练 /

花生米 / 8

红棉猴 / 11

玻璃球 / 14

丢失的快乐 / 18

年货 / 21

时光 / 25

红围巾 / 31

厨房 / 35

▶预测演练一 / 39

白雪无声 / 41

秋叶无语 / 48

心愿 / 52

牵牛花 / 56

记忆中的运动会 / 60

丁香般的人生 / 64

糖包 / 68

▶预测演练二 / 74

巴郎子 / 76

寻觅 / 79

城市书店 / 82

大雁远航 / 86

野象谷 / 92

周庄，我的梦 / 98

西街的慢板 / 101

苏州多妩媚 / 106

绿的泥河沟 / 111

▶预测演练三 / 116

"绝代佳人"润菏泽 / 118

北京二月兰 / 122

公园物语 / 126

穿过风雨的迁徙 / 130

明月雪莲 / 137

留给鸟儿吃 / 142

草湖 / 146

▶ **预测演练四** / 151

红花绿绒蒿 / 153

跟着黄河走 / 157

美妙的生命 / 162

三月的巴塘 / 166

祁连如梦 / 171

春天的青海湖 / 176

天鹅 / 182

闻香 / 189

迪丽玛尔 / 194

▶ **预测演练五** / 197

参考答案 / 199

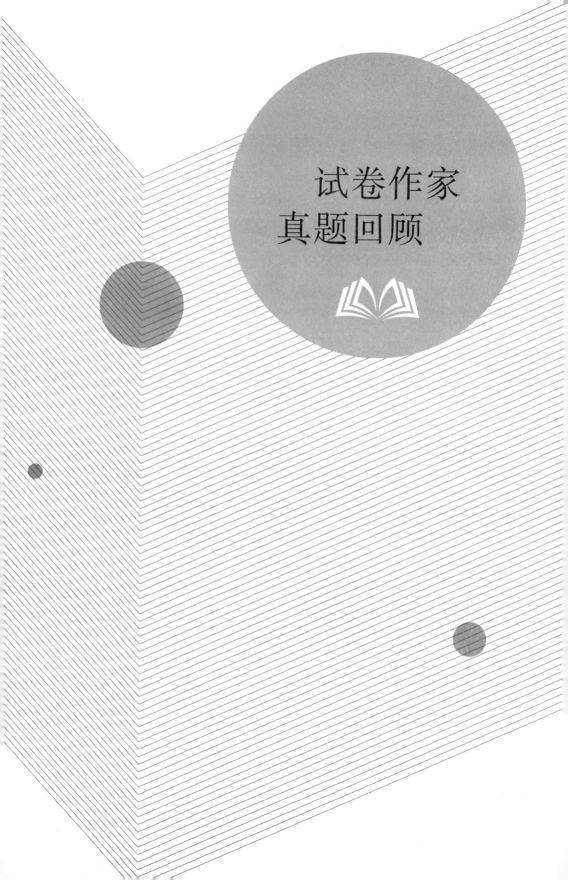

试卷作家
真题回顾

牧 归

　　①青海湖畔宽广的草原上，每一天，都会有炊烟伴随太阳从帐房里升起又飘散。每一天，晨光下的牧人们都重复着永远也做不完的事情，感受着不一样的欢乐和遗憾。

　　②晨光微露中，拉羊家的女主人和长大了的女儿们先起床，给取暖的炉子和烧饭的炉子生上火。房子很快暖和起来，开水和奶茶飘散着热气和浓香，男人们闻着味起来了。当然，如果愿意，男人们还可以多睡会儿，但，早出晚归的放牧生活，让他们马上打起了精神。

　　③用过永远以糌粑、奶茶为主的早餐后，女主人和女儿们开始给十几头母牛挤奶。这时候，太阳已经离开地平线，草原从沉睡中清醒过来，空气中满是甜滋滋的味道。挤牛奶之前，先要让小牛吸一阵母牛的奶。小牛贪婪有力的吮吸会使沉积了一夜的乳汁活跃起来，被激活的乳房生动饱满，乳汁也会更加顺畅。挤牛奶是一门艺术，随着女人富有弹性的双手上下舞动，两股洁白的乳汁会交替着流进桶里。

　　④挤牛奶的工作完成，拉羊家的女主人停留片刻，目送着丈夫和儿子远去的身影。羊群和男主人离开家后，拉羊家的女主人带着两个女儿，着一件单衣，把袖子挽得高高的，用双手把散落在四处的湿牛粪捡到一起，然后用手抹开，像做煤饼似的一块块摊在草

地上。

⑤清晨的青海湖畔气温很低，不超过五六度，抹湿牛粪的双手冰凉，但是她们习以为常，没有丝毫抱怨。相反，她们乐此不疲，一边干活一边说笑嬉闹，使静谧的草原很快有了生气。如果天气好，这些牛粪会在一天之内转化成可燃性能源，假如需要较长时间的储存，她们就得把湿牛粪做成厚厚的圆饼贴到墙上，晒干后堆放。捡牛粪、晒牛粪、储存牛粪，是牧民日常生活中很重要的事，晒干的牛粪是四季唯一的燃料。在牛羊被赶到深山四处游牧的季节，燃料得不到及时补充，漫长的冬天更需要大量的牛粪取暖，没有足够的储备是不行的。

⑥女人们要做的事很多，打酥油也是一件极重要的事。没有牛奶的日子几乎不像牧民的生活。有相当一个时期内，他们是吃不到牛奶的，那是牛羊群远征深山牧场的两个月，以及严寒的冬春季节。为保证刚下的牛犊能够安全度过冬春的寒冷与饥荒，牛乳首先要满足这些脆弱的小生命。因此，必须靠夏秋季节挤出的牛奶提炼酥油，并尽可能多地储备。

⑦虽然追求快节奏的生活也波及到了草原，摩托代替了骑马，牛奶分离器比传统打酥油的方法方便、省力，但牧民的生活依旧古朴，像古老的歌谣，平静透明。他们享受新鲜空气和食品，享受自然美景。取自自然、回归自然。交流感情的过程，自由、轻松、愉快。

⑧湖光闪耀，白云浮动，鸟雀鸣叫。除了每天必做的工作，牧人们还有一些需要做但又并非马上去做的事情。比如，磨炒面、杀羊宰牛、编织、亲友聚会、准备出嫁女儿、做娶儿媳的准备，等等。总之，他们会做出适当的安排，以便使日常生活不致于紧张忙碌，也不致于太过清闲无聊。

⑨冬天的下午无忧无虑，小村庄和茫茫原野增添了独具高原风格的恬静和温馨。定居点的房顶上冒着炊烟，女人们在晾晒羊毛、翻晒牛粪，有的则闲坐在门前的草地上，眯着眼看孩子们玩耍，任太阳沐浴全身。打破村落宁静的是男人们驾着摩托车或手扶拖拉机出入村庄的声音，还有游荡在草原上的牦牛拖着长调的浑厚中音，绵羊啃食嫩草时的阵阵颤音。永远此起彼伏，永远心满意足。

⑩羊毛已经剪过一段时间，新长出来的毛使每一只羊看上去洁白、年轻、漂亮。此时，它们吃饱了肚子，高声歌唱，翻过山岭，涌向山下。草原变得更加美丽、更加壮观，成千上万的牛羊布满翠绿的山坡，大团大团的白云从后山蜂拥而来，像是在为牧归的牛羊送行。斜阳照射，白色的羊、黑色的牛让草原再度辉煌。

⑪暮色中，牛羊成群结队返回各自的家。这时候，女人们又忙碌起来，她们把母牛和牛犊拴在绳栏上，把羊赶进羊圈，把晒干的牛粪收拢起来，然后开始挤最后一次牛奶。作为一家之主，男主人则要做一些佛事活动，让电动的经筒转动起来，让小女儿背着放在佛龛下用黄布包裹的经卷，绕着庭院按顺时针方向转圈。最后，在晚霞将要退尽的时候，点燃煨桑台前的桑烟，祈求佛祖保佑生活平安、人畜兴旺。

⑫晚饭的炊烟，随着袅袅桑烟再度升起，这是一天中，全家人围坐一起的一道正餐。除了必不可少的奶茶，还有一些面食，但不管什么饭，都必须要同时煮一盘羊肉或牛肉，才算真正填饱了肚子。牧人们用来做饭和吃饭的时间，比城里人少，也不费神琢磨该增加什么营养，配什么蔬菜。他们每天饮用的奶茶、糌粑和酥油，并没有让他们缺乏维生素和营养。晚饭结束后，一家人会坐在一起谈谈家常，有电视的人家可以看看电视，但那里面的事情离他们太遥远，

不值得他们过于认真。

⑬草原的夜晚沉静甜美。

⑭生活似曾相识，日子循环往复。对牧人来说它是平淡的，并不乏味。它是辛苦的，并不痛苦。每天晚上，他们都能做个好梦，心儿像草原上的花，湖中的鱼，自由呼吸，轻松自在。

（有删改）

（2020—2021学年上海市嘉定区高三一模语文试卷）

▶试　题
⋯⋯⋯⋯⋯

1.第⑩段描绘草原的语言很有表现力，请加以赏析。（4分）

_____

_____

_____

2.结合全文内容，分析标题"牧归"中"归"的含义。（3分）

_____

_____

_____

3.本文出现的人物仅以性别或身份为称谓，分析这种写法的作用。（4分）

_____

_____

_____

4.画线句呈现本文的叙述顺序，看似平常却体现作者精心的构思，请对此加以赏析。（4分）

_____

_____

_____

试卷作家
美文赏练

花生米

❀ 心灵寄语

父爱没有华丽的词语，没有亲昵的动作，父爱是那个物资缺乏年代的花生米。

那一年，我八岁，父亲带着我到他的一位朋友家做客。

朋友家离市区较远，仿佛是一个工厂区，我已经记不大清。我和父亲乘了两个多小时的车才到。叔叔和阿姨俩人生活，他们的孩子在上海外婆家。也许是他们太思念自己的孩子，见了我格外地亲热。阿姨把我拉在怀里，细细地摸着我的头发，把橡皮筋拆了，给我重新扎了小辫；叔叔拿出好多连环画让我翻，让我看。我快活地奔跑在他们中间，脸蛋红扑扑、热腾腾的像熟透了的小苹果。

父亲一边说话，一边望着我，眼里充满了慈爱。

晚饭时，叔叔家来了一位客人，是从上海探亲回来的同事。他给叔叔和阿姨捎来了一只不大的塑料袋，塑料袋是透明的，里面装着新鲜的花生米，粉红色，一颗一颗又小又干净。客人走后，阿姨小心翼翼地把它放在靠墙的桌子上。

我已经很久没吃到花生米了，而且我们家从来没买过这么多、这么好的花生米。所以，吃饭的时候，我的一只手扒拉着碗里的饭，眼睛却忍不住朝桌子上放着的花生米看。可能是阿姨看出了我的心思，她轻轻地说："先吃饭，回头阿姨炸花生米给你吃。"

我高兴地点了点头。

晚饭后，父亲要带我回家。阿姨逗我："让你爸爸自己回去，你跟阿姨住一晚，明天让你爸爸来接。"

她拉着我的手，态度很真诚："怎么样，留下好吗？就一个晚上！"父亲犹豫了一下答应了，说好第二天来接我。

父亲走后，叔叔和阿姨领着我在厂区散步。那天天气很好，晚霞的余晖金光灿烂，照耀着葱葱郁郁的绿树，厚厚的绿草坪上很多孩子在奔跑、跳跃。我松开阿姨的手，跑过去，很快就融到孩子们的游戏当中，忘却了一切。等到星星亮起，吧嗒吧嗒地眨着眼睛，疲惫的我才被阿姨带到了床上。

第二天早晨一醒来，我才发现这陌生的大床根本不适合我。我开始想父亲，想我的家，虽然只有一夜的分离，可是我已经有点儿等不及了。我爬起来，问正在收拾床铺的阿姨："阿姨，爸爸什么时候来接我啊？"阿姨说："这会儿才是早晨，你爸爸要来也得下午，你不要着急。"

我吃了一碗泡饭，想出去玩儿，可觉得什么都没意思了。连环画都看过了，玩具也玩过了，外面也没有小朋友在喧闹。叔叔拿了份报纸在读，阿姨在屋子里走来走去不知忙些什么，显然他们已经不在意我了。

我便跟在阿姨后面不住地问："我爸爸什么时候来？他会不会不来了？他怎么还不来？"也许是我一遍又一遍的追问，太让人恼火，看上去阿姨已经开始讨厌我了，但是我不在乎，只想知道父亲什么时候来。

好不容易熬到中午，还不见父亲的影子，我有点儿想哭了。阿姨把一碗米饭，一碟小菜放在我的面前，耐心地劝我吃饭，我无奈地抓住筷子慢吞吞地咽着。这时，响起了敲门的声音，我飞快地跑去，把门打开，真的是父亲，真的是父亲！我一下子扑在父亲怀里！阿姨说："这孩子一会儿也离不开你，昨晚还好好的，早晨一醒来就闹着要回去。"父亲摸摸我的头，笑了笑："小孩子都这样。"

我和父亲坐公交车回家，一路有说有笑。

父亲问我："阿姨家好不好？"我说："好，可是咱们家更好。"

父亲又问："阿姨给你炸花生米吃了吗？"

我这才猛然想起阿姨家的花生米。

阿姨没给我吃花生米，她把花生米拿走了。

父亲哦了一声，很久没有说话……

那时，父亲在西北高原生物研究所工作，正是新疆阿勒泰地区发生大面积鼠害的时候。父亲去那里灭鼠，回到西宁待不了几天便要返回，他是多么珍惜跟女儿在一起的每一点儿时光。割舍一夜亲情，把我留在朋友家里，是希望我能吃到那个年代少见的花生米，还是为了别的什么原因呢？我不知道，也不想知道了。只不过，当时父亲好像很难过。而我，从此以后，特别喜欢吃花生米，不论怎样的做法。

精彩
— 赏析 —

文章虽然以"花生米"为题，但整个故事线全是围绕父爱展开。父亲难得有几天假期，想每一分每一秒都和女儿在一起，但为了满足女儿想吃花生米的迫切心情，"割舍一夜亲情，把我留在朋友家里"。事实却是，女儿并没有吃到花生米。"父亲哦了一声，很久没有说话……"此处的沉默包含了很多内容，有失望，有懊悔，还有对人情冷暖的无奈。

红棉猴

> 寒风刺骨，一件棉猴带给我温暖；北风呼呼，一件棉猴让我免去受伤；一针一线，感受到了父亲对我的爱。

过去，青海高原的冬天寒风刺骨。放学回家的路上，耳朵冻得生疼。伸出手来焐，手又冻得僵硬。回到家里该暖和了吧，可遇热的耳朵又奇痒难忍。父亲看我痛苦的样子，就过来给我搓，一搓，反而更痒更疼，眼泪不由自主地流了出来。

有一年，父亲去北京出差，给我带回来一件棉猴。大红灯芯绒的面料，咖啡色的里子，里面絮着厚厚的棉花，还带着帽子呢。不过那棉猴太大了，穿在身上，一低头就看不见自己脚尖了。

晚上，刮着北风，不见月亮，也没有路灯，父亲骑着自行车捎着我往家赶。突然，街上飘来一页白纸，父亲一惊，栽倒在马路上。我也被摔了出去，顺着下坡路，骨碌碌滚了好几米。父亲爬起来，赶紧跑到我跟前，见我一动不动地卧在地上，急忙抱起我，摸摸脸、摸摸腿，颤着声音喊："小茜，怎么了！哪儿疼？"我睁开眼，望着父亲，扑哧一声乐了。哪儿都不疼，这棉猴厚的，啥感觉也没有，就是笨得爬不起来！父亲笑了，"这棉猴好，能穿好几年呢。可是，这么一片白纸也能把咱栽成这样？"我有些纳闷。

"哪是纸呀，撞上了，才反应过来，是一条白狗。"父亲说。

"可我怎么看着，像飘过来的一页白纸，一点儿声也没有。该不是遇上鬼了吧？"

"有可能。"父亲点点头。

说着，父女俩竟哈哈大笑起来。

红棉猴一连穿了两个冬天。第三年冬天再拿出来时，红棉猴已经脏得不像样子。我和父亲把面子、里子都拆了，洗了五六盆水，才洗干净。

到了晚上，把棉絮摊在大床上，准备好所有的工具，父亲和我鼓足了劲要缝合棉猴。但是，这对于一个十岁的女孩，从来没有做过针线活的父亲，是一件很不容易的事。

很长时间过去了，父亲和我累得满头大汗，可连里子和面子都对不齐。后来，我爬在床上扯住棉猴的上面，父亲揪住下面，好容易对齐了，父亲就赶紧用小夹子把上下固定好，再用大头针把关键的地方别住，才开始细细密密地缝。这时，我已经累得筋疲力尽，倒在床上睡着了。

不知过了多长时间，隐隐约约感觉灯还亮着，我睁开眼，见父亲坐在小板凳上还在认真仔细地缝着，便催父亲："快睡吧，别缝了。"

父亲头也不抬："你睡吧，明天一早还上学呢！"

第二天早起，父亲还在沉睡。我一看棉猴，嗬，缝了大半夜，才缝了半拉身子。

接下来的几天，一到晚上，我写作业，父亲就趴在床上缝棉猴。

不过，手底下明显熟练多了，缝完了身子缝袖子……过了几天，一件漂亮的红棉猴终于重新出现在我的眼前，跟买来时一模一样。父亲得意地拍拍我的脑门："怎么样，爸爸的手艺还不错吧！"

看着为我的红棉猴熬红了眼睛的父亲，我心里真不是滋味，可还是冲他竖了竖大拇指："还不错！以后继续努力。"

精彩
— 赏析 —

作者围绕一件红棉猴展开叙述，讲述了父亲对她的爱。文章没有用直白的语言来描写父爱，只是在事件的讲述中，表现了父爱无言。"急忙抱起我，摸摸脸、摸摸腿，颤着声音喊"这一系列的动作，写出了父亲的紧张，怕"我"受到一丁点儿的伤害。"不知过了多长时间，隐隐约约感觉灯还亮着，我睁开眼，见父亲坐在小板凳上还在认真仔细地缝着"，一位没有接触过针线活的父亲，却能如此认真地缝制，可见父爱的伟大。文中的红棉猴是父亲买给"我"御寒的，"我"也是父亲的"红棉猴"。

玻璃球

> 童年是一个可以玩耍、游戏、幻想的地方。

离开那个院子的时候,我已经是一个青年。

我要说的那个院子,不是奶奶家住过的四合院,而是很大很大,有着一片被我称为森林,三四栋楼房,几块种着大豆、小麦的试验田的院子。

这个院子是中科院下属西北的高原生物研究所,位于城西靠近郊区的地方。

院子里很清静,没有多少外人,却有很多的树。因为树多,花也多,便引来了各种各样的蝴蝶,在树木和花草中间飞跃着。又因为这么多的蝴蝶,院子里便到处都是跑来跑去的孩子。森林的一边,漫山漫坡的野花和着试验田里金黄色的油菜花、白色的大豆花一起被成群的蜜蜂包围着。我和我的伙伴从太阳升起来的时候,就在大人那里找了种种借口,跑到山坡上,跑到密林的深处摘果子、采野花。

山坡的下面还有一大簇墨绿色的枸杞林,馋嘴的我们常常因为偷吃得太多而流鼻血。

动物室的院子也是我们常去的地方。院子的深处，高大的铁笼子里养着几只比我们还要高的长头发狗，一见到有人靠近，就发出疯狂的叫声。我们又惊又吓，但还是要大着胆子在笼子的外面逗它们。如果有人用长棍子捅了其中的一只，那么所有的狗都会跳起来扑向笼子，吓得我们发出一声声尖叫，冲出院子。那种惊险的感觉真让我们又害怕又喜欢。

但是隔壁房子里的小白鼠却管不了那么多的事。每次我们去看它们的时候，它们总在一声不响地吃东西，小小的嘴巴不停地嚅动着，圆圆的眼睛一闪一闪。有时候碰巧看见阿姨在给小白鼠打针，针打完了，就会给小白鼠喂肉松吃，小白鼠的嘴就动得更欢了。我的小朋友王萍常常羡慕地说："小白鼠吃得比咱们好，下辈子还不如当个小白鼠呢。"

离开小白鼠，我们很快便忘了那些不愉快的事，院子里还有许多好玩的地方呢。

到了晚上，我们会在长满野花的小森林里各自寻找一处隐蔽的地方，用浓密的枝叶搭起一座小山洞。用红色的砖块摆成整齐的桌子、椅子，细细地布置起自己的保密窝。我最喜欢用一种粉红色的、不知名的小花来装扮我美丽的小窝了。收拾好窝后，我会在我的桌子上用一只捡来的破瓶子装满一大簇野草。这时候，我已经累得满头大汗，只好坐在我红色的椅子上休息一会儿。

保密窝里潮湿、安静，弥漫着草木的清香，只是有太多的蚊子。我不得不起身，不停地劳作，才会避免脸上被叮出一连串的大包来。

保密窝已经非常漂亮了。可我不能够就这样静悄悄地独自享用，于是站在山坡上喊着小朋友彩云、小丽、印红、三平的名字。不一会儿，她们几个从各自的保密窝里悄悄地钻了出来。我们手拉着手，相互击掌向毛主席保证，决不泄露秘密，才放心地依次到每个人的小窝里参观。如果有胆大的能在山坡后的大豆地里，背着管后勤的张老虎叔叔，偷偷地摘一些豆子回来，那是再好不过的。这样，我们就可以在一起美餐一顿了。

黑夜降临，月亮升上了天空，大块大块的云朵在月光里显得异常神秘。

不知从什么时候起，孩子们之间流传着这样一个故事。一个长着白发白胡子的老爷爷在一个有月光的晚上，埋下了一块透明的玻璃，第二天早晨，这块玻璃变成了七彩的玻璃球，竟然给老人带来了好运。

对此，我们深信不疑。诡秘的夜晚带给我们唯一的喜悦，就是亲手，把早已经选择好的玻璃块悄悄地埋进自己的保密窝里。为了能让自己的玻璃球变得更美丽一些，还要摘一两朵鲜艳的小花放在玻璃块下面，然后在玻璃块上吐一口自己的口水，再用土埋起来。

一夜的等待，伴随着甜蜜的梦想，等到太阳升起来的时候，我们已经奔向了自己的保密窝。但是保密窝已经被严重破坏，桌椅被推翻在地，瓶子的碎片和芬芳的野草、鲜花被抛向四处。最气愤的是，玻璃块不知去向，埋它的小洞里塞满了石头。

我们只好伤心地放弃自己精心营造的保密窝，集合在操场，谈论各自遭受的这场劫难。然后更加周密地计划下一个保密窝的地点。

那几天，院子里笼罩着神秘、紧张的气氛，每一个调皮的男孩，都被我们视为可疑的敌人……

玻璃球的故事一直是我们儿时美丽的梦。直到我们长大，直到我们懂得这个世界上，除了自己的艰苦努力，没有任何东西能给我们带来好运。玻璃后面的花再美，也比不得辛勤的汗水，只有不间断地劳作、学习、思考，并有意识地去发现身边的快乐，才会得到真正的幸福。

精彩
—— 赏析 ——

　　童年的院子、山坡都是"我们"游戏的场所，自然万物都是"我们"的好玩伴，哪怕是凶狠的狗也能让"我们"又害怕又喜欢，甚至羡慕小白鼠吃的都比自己好，但是一转头"我们"就忘记了不愉快的事，不多的笔墨把孩子简单、快乐的情绪描写得淋漓尽致。本文重点描写的是保密窝的搭建和装饰，以及玻璃球的传说故事。把玻璃块埋在保密窝里，希望能收获一颗带来好运的玻璃球，表现了孩子们单纯、直接的愿望。篇末提升高度：长大后明白，要想获得好运、幸福，只有辛勤劳作、学习、思考。

丢失的快乐

❁ 心灵寄语

> 新电影即将放映，而刚买的电影票却找不到了！满怀的期待、眼中的快乐就这样随着电影票一起丢失了。

今年的秋天与往年不同。院子里的大丽花还没有完全枯萎，就来了一场大雪。好大的雪啊，像一朵又一朵的花，像一片又一片的树叶，飘下来，落在身上，赶也赶不走。很快就湿了衣服，湿了头发，满身都是雪的味道。

下雪的时候，我曾被我的祖母派去买电影票。过去，电影票很难买，特别是有新电影上演，买电影票就得排老长的队。

祖母派我去买，是有原因的。有一次，我排了长长的队，好不容易到了窗口，已经是满头大汗。我伸出捏得湿漉漉的一元钱，可卖票的老爷爷说："闺女，票已经卖完了，明天再来吧。"说完了，还伸出手来，摸摸我的脑袋，我糊里糊涂地离开了窗口，委屈地哭了。

祖母让我又一次去买票，也许是希望老爷爷能认出我。

我去得很早，雪花悄无声息地落在我的脸上，我的脸冻得红红的。等我走到能看见那个卖票的小窗口时，我的心跳加快，快要蹦出来了。

一定是清晨的白雪帮助了我，窗口前排队的人很少。我飞奔了过去，很快就买到了当晚的八张票。票是黄颜色的，小小的窟窿眼把它们一张接一张地连在一起。卖票的老爷爷把它们递出来的时候，又摸摸我的头，我冲老爷爷笑了一下就跑了。

晚上吃过饭，祖母便用篦子细细地梳了头，又拿出一件只有坐席时才穿的毛料衣服，穿在身上。我和我的堂兄堂妹早都等得不耐烦了，出了大门，在院子里打闹着。

清苦的日子里，欢乐不是很多，但又时不时于不经意间到来。能在一个落雪的日子里，不让祖母早早地把我们按进被窝，听老鼠在屋子里窜进窜出，而是要在忽而光明忽而黑暗的电影院里享受光与影的愉悦，让我们兴奋得像小疯子一样来回地奔跑、尖叫着。

但是，悲哀同喜悦一样来得凶猛。祖母和姑姑以及伯母，突然，像约好了似的，集体不知道把电影票放在哪里了。就在祖母打扮好了，郑重其事地即将领着一大家子人，在邻居艳羡的目光和讯问声中走出院门时，电影票就忽然找不着了。

炕柜里的被褥、衣服已经由姑姑全部扒拉出来，桌子里的票据、头绳、针线，等等，翻了个底朝天。

祖母沮丧地站在一旁，嘴里自言自语，我记得我把票压在炕柜里了，怎么会不见了呢。

突然，祖母把眼光投向了我们。因为电影票不见踪影造成的极度失望，已经让我们失魂落魄，现在，眼看着祖母又要把这么重大的失误引向我们。我们害怕极了，抢着告诉祖母，没人动那些票，谁也没动。通常家里最重要的东西都由祖母保管，我们是那样地信任我们的祖母。

祖母终于没再追问我们。

电影开演的时间一分分逼近，票仍然没有出现。失望的泪水在我们的眼眶里打着转转。我提出去电影院试试，让卖票的老爷爷给我们作证明，那么长一排空位子没人坐，总可以证明。但是，祖母不答应，她说："咱们不能干那丢人的事。"

于是，我们一家人就在无端的痛苦中，苦熬着时间。一直等姑姑回了自己的家，等到看电影的事被我们完全放弃，该干什么还干什么。大家的心才慢慢平静下来，只有祖母一夜翻动着身子，没有睡好。

第二天中午，放学回来。祖母一扫平日的威严，激动地告诉我们，票找着了。她说，她先是把票压在炕柜里，后又觉得不妥，便又塞在了褥子底下，结果昨天晚上，只记得炕柜，却忘了后面电影票已经被转移的事。

祖母很得意，好像找到了票，就安了心。

连在一起的，黄色的电影票举在她的手上，她俨然一位胜利者。

我现在还记得清清楚楚。当时，要看的电影是彩色故事影片《艳阳天》。

为此我还特意读了浩然的同名小说，记住了那个有意思的农民马小辫。

精彩 — 赏析 —

文章以电影票为线索贯穿全文，通过"我"买票的艰辛、丢票后大家的痛苦、祖母找到票后的得意三个情节，向读者展示了一次失败的看电影的经历。最后"我现在还记得清清楚楚。当时，要看的电影是彩色故事影片《艳阳天》"。可见这次看电影的经历给作者留下了不可磨灭的记忆。

年　货

🌷 **心灵寄语**

> 童年的每个点点滴滴都是值得怀念的，那时的我们无拘无束，有着简单的快乐，也有简单的悲伤。虽是简单的小事，但是心中永远的回忆。

过去那些日子并不遥远，也就是二十多年前的光景吧，可想起来却如隔世一般。

那是什么样的日子啊。单调、清贫却又是那样的愉快、无拘无束。七十年代末的西宁在我眼里算不得好，也算不得差，因为那个时候的我从没离开过西宁，也不知道除了西宁之外，还有更好的地方。平日里唯一的快乐就是奶奶能从她神秘的红柜子里摸出好吃的东西，比如红枣、核桃、葡萄干什么的，分给我和我的堂兄妹，让我们着实兴奋一阵子。

我的堂妹小宇比我小半岁，长得和我一般高，但比我听话，而且因为乖，经常会得到额外的奖励。如果碰到奶奶特别高兴的日子，就会得到一角钱，让我们买自己喜欢吃的东西。那么，我们俩人就会牢牢地握紧这一角钱飞快地跑到离我们最近的食品店，买我们认为最合算的食品，通常是一角钱十块的黑焦糖，一分钱一块太合

21

适了。

　　糖被我们认真地数过后全部装到小宇的口袋里，因为这一角钱是奶奶奖给小宇的，然后我们互相搭着胳膊一边走一边商量着十块糖的分法。当然，首先要给的就是哥哥了，因为哥哥是奶奶最疼爱的孙子。其次是弟弟小三、表妹小红和表弟小杰。这样一来就剩下六块了。"一人留三块吧。"我有点不自信地说。小宇摇摇头："应该你两块我四块。"我再度意识到这一角钱的来历："好吧，你四块。"于是我们停下来，由小宇郑重地把两块糖递给我，我接过糖装进口袋高兴地笑了。可是走了一会儿，小宇又停下脚步，从口袋里拿出一块糖塞给我，还是我们一人三块。我惊讶地望着堂妹，不知说什么才好。小宇又严肃地告诉我："现在别吃，等一会分给大家后一起吃。"我点点头加快了脚步。

　　那时候，冬天寒冷而漫长，每天早晨一睁眼首先看到的就是窗上神态各异的冰凌花，像一阵阵轻风吹掉的落叶，又像浓雾中徐徐映现的松林，里面有玉琢冰雕的小人在慢慢走动，如同仙境一般。这时候，虽然有奶奶早为我们生了火，炉上的水壶也咻咻地冒着热气，但躺在棉被里的感觉实在太好了，没有一个人愿意把手伸出被外。奶奶是严格的，况且我和堂妹今天还要完成一项艰巨的任务——购买过年吃的肉和带鱼。这是凭票供应的，买早了怕放坏，可过了这几天票就要作废，故而奶奶昨晚就安排好，今天务必要买回来，并且把这件重要的事分配给了我和我的堂妹。

　　奶奶见我们还在装睡，便揪揪我们的耳朵。"快起来，别装了，装睡的人叫不醒。"听奶奶这么一说，我们一个个忍不住乐了，赶忙起来穿衣叠被，只有堂哥还赖在床上。等我和小宇慢慢腾腾走到饮马街街口时，见莫家街肉食品店门前早已排了两溜长长的队伍。我们俩同时惊呼一声，为我们的迟到和缓慢感到内疚，随即飞跑起来。到了门前，分清买猪肉的长队和买带鱼的长队。就一人站了一个尾巴，安下心排队了。过了一会儿，我们俩人身后又陆陆续续站了许多人。我和小宇互相看看，显然是在得意我们来得还不算太晚。肉和带鱼是那么地好吃，为它们付出点劳动是值得的。

队伍挪动得非常缓慢，过上好一阵，才会有人提着一块猪肉或者几条带鱼在众人羡慕的眼光中走过。有个干瘦的男人手里拎了很小的一块猪肉，满头乱发地从我面前走过，又低着头排在了小宇的那支队伍后面。很明显，他是一个人来的，这也太没有先见之明了。我和小宇拉拉手，很为这个人愚笨的行为感到惋惜。

不知为何，我的这支队伍行进得较快，竟把小宇落在了后面。可能是卖猪肉的人手脚快，卖带鱼的人动作慢一点。没关系，小宇冲我招招手。

过了很久，当空的太阳已经没有了踪影，队伍里的人都变得着急起来，有人伸长了脖子往前看，有的人离开队伍挤到前面想碰碰运气，却遭到很多人的斥责又悄悄回到队伍里。有个白头发老人颤巍巍地提着一个大网兜，走过我们面前时对我们小声说："里面的东西不多了，不知你们能不能买到。"我一听这话急了。这可怎么办呵，排了这么长时间的队。

空气变得沉重起来，我变得有些焦躁不安，肚子也有了饥饿的感觉。啊，好不容易轮到我了。我踮着脚尖，一手高高地举着票，一手举着攥潮湿了的钱，任胖胖的店员把一大块猪肉推到我的面前。这下可好了。我吃力地提着大布兜挤到小宇身边尖声说："肉买到了，你看！"

小宇伸出冻红的手掂了掂布兜，高兴地说："任务只完成了一半，你先回去，给我拿块馍，我快饿死了，你看我前面还有好多人呢！

等我放下肉和堂哥一起赶回来时，冬天的风已经刮得很厉害了，寒风里黑云飞满，仿佛又要下雪。老远的，我见小宇还站在那里，脸冻得通红，只是她前面就剩下两个人了，我激动得真想大声欢呼。小宇看见我们，蹦起来，向我们招招手，又指指前面。可是前面的人迟迟不动，还有人走上前和店员争执，待我们跑过去才明白，带鱼卖完了，一条也不剩。顿时，我们傻眼了。再看小宇，一声不吭的，眼泪唰地掉下来了。堂哥忙安慰她："好了，好了，明天再来买。"我拿出手绢，擦了擦她脸上的泪水："明天咱俩早一点来。"

我们仨第一次沉默着回家了。天黑了，想起早起时的欢愉，想起奶奶不知又要如何心疼排了一天的长队却没有买到带鱼的孙女，我的心就变得愁苦起来。这时候，几朵微雪没精打采地飘下来，落在我的脸上，我感觉到了一丝丝凉意。

精彩赏析

全文围绕过年买东西展开叙述，由两个故事构成：第一个故事讲述了作者和堂妹一起去买糖、分糖，突出了堂妹人小却很懂事；第二个故事讲述了作者和堂妹接受排队买年货的任务，但因为没有完成任务而伤心，突出了孩子的责任心。文章用简单、易懂的文字讲述故事，并多处运用语言描写，将独属于孩子语言的幽默、单纯表达得淋漓尽致。同时，文章多处运用动作描写，比如"我踮着脚尖一手高高地举着票，一手举着攥潮湿了的钱，任胖胖的店员把一大块肉推到我的面前"，通过一系列动作将作者买肉的场景生动形象地呈现在读者面前，令人身临其境。

时　光

> 时光荏苒，岁月如梭。锦瑟年华，稍纵即逝。过去的种种，在弹指间，留在昨天。时光，用它特有的姿态流逝，但我却发现自己已无法回到原来的生活。

又是一年的春天，北风不经意间柔和了许多。

今夜，难得看到的星空格外清亮，无风、无云，远处群山清晰可见。自从住到古城台的这座高楼上，屋内的各个窗户都能看得很远。白天车流人流来往穿梭；黑夜里，万家灯火近在眼前，色彩繁多的灯光四处闪耀。难道这就是20世纪70年代，那条铺着细碎石子、没有一盏路灯、没有一间商铺、没有一棵树的街道吗？我站在阳台上，常常想起从前的时光。

那时候，古城台十字路口只有两家商店，一家是古城台食品商店，一家是古城台商场。我希望吃到的好东西，喜欢的小玩意儿全都放在这两个商店里。不过，我比较喜欢的还是食品店，因为那间不大的店铺里，除了黑色的方块焦糖，偶尔会有包着金纸的巧克力和红色、绿色、黄色的朱古力豆。但还有一点是不容忽视的，那个需要上一个长长的高坡才会走到的古城台商场里，总会出现非常漂亮，印着小蓝花、小黄花的布料。当然，这些诱人的东西要等到一些特殊的日子才能拥有，比如过生日啦，春节啦什么的。平常，我只能不断地驻足徘徊、流连忘返。

上小学的我每周都要去奶奶家吃饭。晚饭后回家，2 路公交车只能坐到古城台，再往前就不通车了，我就得从古城台一直走到我和父亲的小家，西北高原生物研究所的院子里。

不知为什么，在我的记忆里，那条路好长好长，走到家时，已筋疲力尽。更记不清有多少次，孤身一人行走在那条凹凸不平，只有一层淡淡银光陪伴着我的夜路中。不是每一个人都有过孤独地走在黑夜里，寂寞、无助的经历吧！心中的滋味有时惶惑不定，有时却也另有一番清冷静寂的感觉，觉得生命在延长、在扩展、在飞翔，不知什么时候才是尽头，也不想知道以后的事。也许这种感觉是每个年少的人才会有的吧。中年以后，脑子里总是装满了乱七八糟的事，没有了清清爽爽、磊磊落落的感觉。

走过水利厅大院，夜更黑，寂静无声的麦田黑压压的，在我身边不断地蔓延。再走几步就快到生物研究所了。可是，从前走过这儿是需要勇气的，几乎没有人的田野，麦子长得旺盛，粒粒结实。表面上没有人看管，可是一旦跑进去，踩踏麦地，或者偷摘刚刚成熟的麦穗，便会突然钻出一个彪形大汉，拿着棍子向偷食者扑来，吓得我们魂飞魄散。但是，像有一股莫名其妙的魔力牵引着我们这群孩子，一有机会便要不管不顾地前去。那可真是一个见到什么都好奇、听到什么都想知晓、精力旺盛的年龄啊！

从小就对黑暗、孤独和恐惧比较敏感、脆弱、胆小的我，步履愈来愈沉重。同时，一边又拼命地想挣脱恐怖，尽力回想白日里和院子里的小伙伴在麦地里追逐打闹、驱赶蚊子，在小河沟里光着脚丫子蹚水，摘薄荷草、马莲花、馒头花的快乐情景，好让这段漫长、黑暗、令我惊惧不已的路变得生动有趣一些。

那时候，我们可不像现在的孩子总有写不完的作业、上不完的补习班。白天的课上完后，下午放学回家，作业很快就完成了，剩下的时间，我们都在院子里玩，从从容容、悠悠闲闲，而且不断有新的花样，游戏多得不胜枚举。

终于，走进了生物所大院，紧张不安的心一下放松了。再往前一点是我和小伙伴们经常光顾的塑料厂。塑料厂是一个挺大的厂，我的叔父和楼上一个人家的妹妹都在这个厂子里上班。塑料厂里总是弥漫着一种怪怪的味道，有些车间里生产像小药丸一样的黑豆豆，而有些车间生产的东西，是非常吸引女孩子的。那是一种五颜六色的细塑料绳，有空心的、有实心的，但是都可以用来扎辫子或者是编各种各样的小玩意儿，挂在钥匙链上、书包上。

到了初中，爸爸给我选择了他的母校西宁二中，后来改为湟川中学，这几年又恢复了原来的校名。那几年，穿多了棉布衣裳，对刚刚出现在市场上的的确良衣服着了迷一样喜爱，好似一切现代化的东西在人们胸中由此燃烧起来，一直保持着旺盛的劲头。存了很长时间的零花钱终于足够，和要好的小朋友汪霆在大坡上的古城台商场购得一块做裤子的的确良，瞒着家人去裁缝店一人做了一条当时流行的喇叭裤。那一年，我们的个子长得很快，裤子总是短得遮不住脚踝。放到现在是七分裤，可那会儿觉得蛮丢人。

那是一个阳光灿烂的清晨，被允许换衣服的周一。穿着深蓝色喇叭裤、淡蓝色碎花上衣的我们，扎着辫子、背着书包、手挽着手，走在上学的路上，显得腿特别长，人特别精神，就连赶着上班的大人都忍不住向我们投来惊喜的眼光。好像在说，瞧啊，那两个脸蛋像花儿一样鲜艳、长得一般高、亭亭玉立的女孩子多神气。但是，汪霆还好，我的遭遇很不妙。做课间操的时候，我们班的地理老师、高大威猛的刘老师像发现了一件惊天动地的怪事，怒气冲天地来到我身边，无法容忍地竖起一根手指告诫："放学回家把裤子换掉，不然我就用剪刀把你两个能扫地的宽裤腿给剪了。不要像个小流氓似的败坏了学校风气，教坏了其他学生。"我一听，吓得撒腿就跑。想不到，刘老师居然迈开大长腿追了过来，害得我一溜烟跑进学校大操场，找了个犄角旮旯躲了起来，课都没敢上。

然而，时代的发展挡也挡不住。很快，学校不再组织学生们学工、学农，不再让我们为每一年的积肥任务掏人家的鸡窝。过了一段时间，试验田消失，盖起了大楼，生物所对面的农田变成了很大的蔬菜批发市场，大坡上的古城台商场成了博纳广场，对面出现了一条繁华的商业街，被大家叫作商业巷，卖什么的都有，持续了好多年。

等我大学毕业，在青海人民出版社工作后，有了自己的家，商业巷几乎成了我购物、品尝美食的天堂，有些小吃至今犹在，成了古城的名吃。生活在继续、时代在发展，昔日封闭、偏僻的高原古城西宁越来越美，越来越时尚。社里有位老司机，年龄不大，长得有点矮、有点胖，每天早晨都有驾车出去吃早点的习惯。哪里有好吃的，就冲向哪里，几乎一个都不放过，无丝毫懈怠。

这位司机师傅是一位老西宁人，熟知西宁人的生活，也很会享受，常常看不起我喝牛奶、吃面包的样子："你吃的那是啥呀，清汤寡水的。你看看我，早上一碗牛杂碎，饭后一大杯老茯茶，那才叫老西宁人过的日子。"

我听了，懒得搭理他。直到有一天，他貌似六神无主地眉头一皱摇摇头，眼睛眯成了一条缝，显得很不自信："唉，西宁的变化真的是太大、太快了，几天没去的地方，再去时就认不出来了，连个尕饭馆都找不到。"

又过了几年忙忙碌碌的日子，蔬菜批发市场搬迁至西郊，建成了西宁市最大、最宽敞、最漂亮的广场。通向人民公园的那条路，原本就是一条极有品味的路，种满了丁香、杨树、柳树，开满了报春的花，现在则打理得更整洁、更干净。每逢春暖，鲜花渐次开放，花蕊的沁香吸引着鸟儿婉转放歌，繁茂的绿叶装点着宽阔的马路。

西关大街，就是小时候让我又恐惧、又无奈的那条长长的路，早就变成了一条宽敞、平坦，飞驰着大小车辆的马路，上下班高峰，车辆会堵得密不透风。路旁的图书馆、博物馆、法院、民政局、纺织品百货商场、力盟宾馆、过街天桥，完全变成了现代化的模样。只可惜，社里那位热爱生活、极善于生活的司机师傅，却在某一年的冬天得急病过世。不然，不知他那方言味浓郁、幽默风趣、开口逗人乐的一口青海话，会发出怎样的赞叹……

漫步在流光溢彩的灯光下，觉得人生无常，时间过得太快。很多时候已经想不起这条街上过去的旧光景，我的儿子也不大喜欢听以前的陈年旧事，觉得过于重复。只有到了夏天七八月，远方的同学、朋友归来，结伴走在这条街上，才会一次又一次地想起，那些过去的日子，那些让我既留恋、又心酸的岁月。

物质匮乏、简单明了的年月，和我的少女时代一起就这样过去了。不知为何，对任何事物都抱有好奇和幻想，谜一般的情节、神话一样，吸引着我的时光好像也过去了。大街上高楼林立，藏式酒吧、西式餐厅、传统小吃应有尽有。行人衣着各异、光彩夺目，却大多表情冷漠、自恃清高，少了些让人亲近的目光。所以，现代与传统的冲撞，那些令人怀念的穿粗布衣裳的往昔岁月，与今天的现代化、快节奏，有着让人意想不到的遗憾和伤悲蕴藏其中。可是，又有什么可以让我们放弃追求，放慢一直朝前走的脚步呢？

精彩 赏析

　　时光是消逝的昨天，是流逝的今天。文章以时光为题，通过多个时间点阐述了自我的成长。以"幼时—小学—中学—工作以后"的时间顺序，讲述了"我"的喜好的变化，进而突出了故乡西宁的巨大变化，进而感叹时间的流逝。

红围巾

> 古诗有云："慈母手中线，游子身上衣。"一条红围巾，寄托了母亲对女儿的爱，虽然她们不在一起生活，但是总有一条情感的线连接着。无奈又心酸。

要过春节了，月娥一到班上就接到了母亲的电话。母亲说，为月娥织了一条红围巾，希望晚上能去她家里拿。月娥很吃惊，有一种不真实的感觉，但是放下电话后，还是激动得安不下心来。

月娥很小的时候，母亲就和她分开了。虽然住在同一座城市，只是母亲另有一个温暖的家，那个家还有一个母亲深爱的儿子，母亲把心都扑在了那个儿子身上。

母亲的手很巧，眼光也好，织出来的毛衣又暖和、又漂亮。月娥很小的时候穿过一件枣红色的毛衣，是母亲织的，上身是细密的小花，下摆像开屏的孔雀尾巴，好看极了。

上中学的时候，月娥偶尔去母亲家，看到母亲的儿子穿着一件橘红色的毛衣，胸前还有一排可爱的小人，心里羡慕得很。但是月娥明白，母亲是不可能为她织一件这样的毛衣的。回到家里，月娥从柜子里拿出自己唯一的一件毛衣，哭了很久。就是这件毛衣还是院子里两位阿姨在去年冬天来临时，一个人织袖子，一个人织身子为自己赶出来的。虽然没有任何装饰，可是月娥非常珍惜。

父亲见女儿这样伤心，轻轻抚摸着她的头发，说不出话。

第二天晚上放学回来，月娥一进屋就见自己的小床上放着一个大大的塑料袋，月娥来不及放下书包，就奔了过去，打开袋子，里面竟是几团橘红色的、透着亮光的毛线。

父亲走过来，拍拍月娥的脸。星期天去你妈那儿，让她给你织件毛衣。

多么意外的惊喜啊？父亲是不愿意月娥见母亲的，这次却无奈地破了例。星期天，月娥早早做完功课，去了母亲家。母亲的儿子正趴在地上玩电动玩具，见了月娥也不吭声。他穿了一身白色的毛衣、毛裤，好看，但沾了很多灰土，脏兮兮的。月娥想，如果我有一件这样漂亮的毛衣，绝不会像他这样把毛衣变得这样糟糕。

织毛衣的事，母亲竟然很痛快地答应了。

一个月过去了，两个月过去了，月娥一刻也没有忘记毛衣的事情，无数次地幻想着毛衣的式样。她不知道母亲会为她设计出怎样好看的花样，也预想不出当她穿上这件毛衣时，同学们又会露出怎样艳慕的目光。以至于上课时，常常为这件事走神，挨老师的批评。

后来，终于忍不住。月娥瞒着父亲偷偷去了母亲家。

那天下午，母亲上班还没有回来。月娥一边等她，一边尖着眼睛在沙发上、床的各个角落搜寻橘红色的毛线，她甚至想到，也许，母亲一进家门就会从大衣柜里亮出早已织好的毛衣。为了这一刻，就是等再长时间也值得啊。

天色渐渐暗了下来，母亲还没有回来，不能再等了，月娥怕父亲担心，只好大着胆子问一直坐在书房看书的叔叔，有没有看见一件橘红色的毛衣。叔叔指了一下柜子，你看看那儿。月娥猛地打开柜子，一团橘红色的毛线从头顶掉了下来。月娥一惊，这团毛线跟自己拿来的时候一模一样，母亲根本就没有动它。月娥的心跳得很快，又堵又慌，说不清是什么滋味，她迅速地从地上抱起那团毛线，飞也似的逃出了母亲的家……

这么多年过去了，母亲怎么会突然想到给自己织围巾呢！母亲心里还有自己吗？

月娥按捺不住喜悦的心情，把这件事告诉了办公室的同事小媚。小媚头也不抬地说："你没看见吗，今年流行红围巾，我妈早就给我织了。"可月娥还是很激动。我还没有配红围巾的大衣呢，我是不是应该马上去买一件漂亮的长大衣。小媚很不以为然，难道有了一条红围巾就必须得买一件大衣吗？这也太小题大做了。

母亲搬了家，离月娥更近。

晚饭后，月娥一会儿就到了母亲的家。

围巾是玫红色的，鲜亮，没有想象的那么长，但从母亲手里接过的时候，月娥心中有一股酸痛和温暖交织在一起的浪潮，翻上涌下。

母亲送月娥下了楼。天上飘着雪花，外面很冷，她不让母亲下楼，但母亲执意要送。下了楼，母亲站在院子里望着月娥没有再说话，只是摆了摆手，让月娥快走。

月娥走了几步，回过头。风吹起了母亲的头发，母亲的头发已经很少，而且夹着白发。风再次吹起来的时候，母亲的脸看上去苍老了许多。

月娥转身加快了脚步。感觉走出母亲视线后，又不知不觉放慢了脚步，她不想搭车，只想系着母亲为她织的玫红色围巾，在寒风中静静地走一走。

雪花越来越多地飘了下来，湿了月娥的头发，湿了月娥的眉毛。但月娥走得很慢，慢慢走着，把短路走成长路，一直走，走下去……

精彩
—— 赏析 ——

本文是一篇叙事性散文，以母亲为月娥织了一条玫红色围巾为线索，展开叙述。文中通过生活的点点滴滴，向读者展现了母爱。起因是母亲突然打电话告诉月娥她给月娥织了一条红围巾。然后运用插叙的写作手法，回忆了月娥曾经让母亲织一件毛衣未果，而对母亲失望的情景。最后，一条红围巾让月娥体会到了迟到的母爱，以及对她心灵的冲击。

厨　房

> 　　一个人许多的美好记忆与厨房有关，煎、炒、烹、炸，人生百味，厨房本是制作美味食物和感受生活美好的地方。一菜一饭，饱含对生活的热爱，而一碟一碗，也见证着家的温馨。

　　围绕厨房的话题，似乎都带一点点辛酸的色彩。那些陈旧的，已经过去了的岁月里发生的事情，总是无法忘记。

　　20 世纪 70 年代末，10 岁过一点的我，心里充满了无望的天真的憧憬，不耐烦地打发着童年漫长的生活。

　　那时候，父亲常常出差在外，我不得不和祖母、伯父一家住在一起，祖母的厨房很大、很暗、很潮湿，但是，我放学回家的第一件事就是冲进厨房，从祖母手里接过一碗香喷喷的炒土豆片、大白菜，或者是加一点儿粉条的橄榄菜。就着馒头吃完了，就又跑去上学。但是，到了下午，放学放得早，就没有那么轻松了。比如，你正要摊开一本小人书细细欣赏时，祖母便会叫你去厨房摘香菜、剥葱、剥蒜。等你快快地做完了，刚坐下来，祖母又会喊你去倒垃圾。

如果把簸箕扔在一边和院子里的孩子们疯闹时，又会听到祖母喊你的声音。这还不算，最让我痛不欲生的是，让我独自在厨房里拉一个大大的风箱烧水。

以前，青海人家通常用风箱烧火做饭。拉风箱的人，一边用右手拉风箱，一边用左手不时地添煤渣。风箱不能停下来，煤渣也不能不及时地添。因为祖母做的饭特别香，又是我们一大家子的主心骨，家里常来人，厨房的锅就特别大，足有二尺多的直径。要烧开一大锅的水是需要很大的耐心的。可是七八岁的我，一心惦记着外面的世界，哪里有这样的心情。于是，只能垂头丧气服刑般坐在小板凳上，拼命地拉动风箱。当然，如果有一本小人书拿在手里，时间会过得快一点，不过看得入迷了，两只手忘记了配合，没了火星，又会加上一倍的气力和时间重新来过，真是好惨啊！

幸好，"忽如一夜春风来"，大量国内外文学精品涌向图书市场，也进入了我的少女时代。我和父亲每天清晨天不亮就奔到新华书店排队买书，买世界名著，一摞一摞地抱回家，如饥似渴地读。那时，我已经是小学高年级的学生，生活基本自理，父亲就把我接回了家。虽然能够一整天地捧着书看，不用再帮祖母干活了，可吃饭又成了问题。

那时，父亲单位的人住的都是筒子楼，每家门口都放着炉子、排着一列列的蜂窝煤。冬天，还会有几颗大白菜、土豆、萝卜什么的随便放在角落里，这就是每家每户的厨房了。到了吃饭的时间，大人们在厨房里做饭，小孩子在楼道里跑来跑去，每一家子做的饭都差不多，来来回回就那几样菜，一会儿吃完了饭，又都集中到公用水房里刷锅、洗碗，嘻嘻哈哈。不过，上海人家的锅里经常会有新鲜的内容，特别是他们刚从老家探亲回来，带来的年糕在楼道里又炸又蒸的，叫人看着眼馋。不过，这一切，还是没法跟祖母的厨房比。那时候虽然穷，可祖母很讲究，中午变着花样炒菜，吃馒头、吃饼，或者是少有的一顿米饭。可晚上，却总有红红绿绿的几样小菜配着各式各样的面食，吃得我的脸总是胖鼓鼓的。

和父亲一起做饭，最怕的就是生火，不知怎么搞的，我们家的炉子总是不灵光，每天晚上都封不好，每天中午都生不着。有一次为了图快，我浇了点儿油。没想到，火一下子窜出来，烧煳了我的眉毛和头发，伤心得我不敢出门，哭了好几天。所以，到了这种时刻，我怎么能不格外地想念我祖母的大厨房。特别是准备过年的日子，那几天真的要比过年还要好。祖母和伯母每天要在厨房里忙到很晚，卤肉、炸丸子、做花花、煎油饼、蒸花卷……我虽然做不了什么，因为拉风箱的人要有力气，要拉出旺火，小孩子的力气是不够的。因此，只能苦苦地站在锅边，等着炸熟的食物从锅里捞出来，等不到放凉，趁祖母不注意多吃两个。如果像我这样放开肚皮吃，过年招待客人的就不够了，这一点我心里很明确。所以啊，最完美的食品，那些油炸的、长着绿色翅膀、赤红的嘴、肚子里装满红糖、核桃、花生仁的小喜鹊、小佛手，只能眼看着被束之高阁，放在盘子里等着客人品尝。唉！真不知，那时候的大人怎么不让自己的孩子吃个够，反要图个被人夸赞、羡慕的虚名？

就在我这样想的时候，就在我的口水马上就要流出来的刹那间，我的面前已经摆好了父亲做好的饭，没滋没味的白水面条。

快吃饭，别傻想了！父亲催促着。

精彩
—赏析——

全文围绕厨房这个话题，讲述了儿时美好的故事。开篇"围绕厨房的话题，似乎都带一点点辛酸的色彩"，可见在厨房里曾经发生过一些心酸的事情，从而引出下文。"从祖母手里接过一碗香喷喷的炒土豆片、大白菜，或者是加一点儿粉条的橄榄菜""我的面前已经摆好了父亲做好的饭，没滋没味的白水面条"，运用对比的修辞手法把祖母做的饭和父亲做的饭作比较，突出"我"对祖母的怀念，尤其是对祖母做的美食的怀念。

1.阅读《花生米》，回答下面问题。（11分）

（1）请从描写手法和表达效果两个方面赏析第二段"也许是他们太思念自己的孩子，见了我格外地亲热"这句话。（3分）

_____

_____

_____

_____

（2）第十段写"父亲犹豫了一下答应了"，父亲为什么要犹豫？（3分）

_____

_____

_____

_____

（3）如果岁月可以重来，"我"还会在阿姨家留宿吗？请合理想象情景，并用形象的语言描绘"我"可能怎么做。（80~100字，5分）

_____

_____

_____

_____

_____

_____

2. 阅读《红围巾》，回答下面问题。（10分）

（1）下列对这篇小说相关内容的理解，不正确的一项是（   ）（3分）

A.月娥想要一件红毛衣，想让自己好看一点，说明她的爱美之心开始萌发，渴望借助红毛衣得到同学们的羡慕。

B.月娥发现她拿过去的毛线并没有被织成毛衣，心跳加速、说不出是什么滋味，正是成长中的少女情绪变化的反映。

C.本文主人公月娥为了得到红围巾，特意去求自己的母亲，旨在表明她生活的艰苦和物质的匮乏。

D.文中月娥听到母亲给自己织了一件红围巾，想要买一件大衣搭配，生动表现了月娥的激动和喜悦。

（2）试着对这篇文章的艺术特色进行鉴赏。（3分）

_____

_____

（3）结合全文，分析小说以"红围巾"为标题的作用。（4分）

_____

_____

3. 写作训练。（60分）

如果把母爱比作是一枝盛开的百合，在每个角落中散发着它迷人的芳香，那么父爱就是一株茉莉，它在某个角落中默默地吐着它那清新的芬芳！向来只有赞颂母爱的伟大，可又有谁知道父爱的含蓄深沉！父爱这字眼是多么的平凡，但这种爱又是多么的不平凡。

父爱如山。请结合上面材料和《花生米》一文，谈谈你对父爱的理解。题目自拟，文体不限，不少于800字。

白雪无声

💮 心灵寄语

> 雪落了，温柔地覆盖了整座城市；雪落无声，小心地呵护了整座城。当阳光重新洒满这个城市时，白雪化成涓涓细流，依旧无声地，行走在消逝中。也许太阳不知道雪曾经来过，只是又悄无声息地走了。

第一场冬雪飘了下来，悄声无息，只给城市的路面铺了一层薄薄的白雾。一片冰凉的雪落在我的脸上，很快融化了，像一滴拭不去的泪水，停在脸上。

美好的事情不会因时间的流逝而冲淡，心中深埋的隐痛，会因为一滴水、一片云，或脚下破碎的一枚残叶而涌上心头。

我有一个表弟，是我姑姑的儿子。

我的姑姑是我父亲的姐姐，年轻的时候长得非常美丽，只是婚后多年没有生育。

在伯母生下第三个小儿子后，姑姑愈加伤心，常常把伯母的儿子抱在怀里，不愿放下。祖母看着心酸，让我和堂兄妹一起叫姑姑为好妈妈，说是这样，姑姑就会怀上孩子。

过了一年，姑姑真的有了孩子，也是个男孩，只比伯母的小儿子晚生了一年多。

家里人为此高兴了很长时间，祖母也对我们少了一些管束。

姑姑的儿子小杰和我们一起慢慢长大，成了一个十分俊秀的少年。他的眼睫毛比一般的孩子长得长，还轻轻地往上翘着，像一扇细碎的小门帘，门帘后面是一双又黑又亮的大眼睛。

小杰从小就喜欢干净，如果我们同在院子里玩，玩累了，伙伴们会在自家的台阶上随便找一块地方坐下来休息。小杰不，他会从口袋里掏出一块干净的小手帕铺在地上，然后再坐下。

假如祖母或是姑姑夸他比我们爱干净，他就会埋下头，用一只细长的手指划着自己的膝盖，说不出话来。

我们家的孩子都长得比较高大，堂兄和堂弟都在一米八左右，堂妹也要高出我许多。只有小杰，到了十八九，看上去还像个孩子，文静、秀气，个子也没有堂弟高。

然而小杰是家中最喜欢读书的，他整洁素雅的书桌上常常放着最喜欢读的书。有不懂事的孩子乱翻他的书是他最不情愿的事，虽然他脾气一向温顺，从不向人发火，但也会在这样的时刻，皱皱眉头。

我在他的书桌上发现过他写的几首诗，虽然稚嫩，但可以看出几分灵秀之气。记得最清楚的是这样几句：

给海一片幽蓝的天
给我理想的一首歌
在流转无碍的夜里
我开始舞蹈

高中毕业后，他考上了武汉一所大学，每逢假期回来，中学时的一位女同学都会跑来看他。姑姑似乎很留意那个女孩，曾经悄悄地告诉我，说那个女孩好像挺喜欢小杰。而且让姑姑动心的另一个原因，是那个女孩的眼睛长得很像我，像我们家里的人。

临近毕业时，小杰给姑姑来了一封信，说毕业后有去成都工作的打算。姑姑和姑夫商量后，认为小杰性格比较文弱，不大适应周围没有亲戚朋友的生活，再加上他们就这么一个儿子，所以决定还是让他回青海工作。

小杰没有再回信，只是在毕业的时候，提着大大小小的行李回来了。

姑姑准备了家宴，请我们大家一起迎接学成归来的儿子。

姑姑一边殷勤地招待着大家，一边不时地望一望儿子。姑姑明白让儿子回来，儿子不一定高兴。

小杰大概是有了自己的心事。

他工作后不久，家里人去了一趟北山。

北山又名土楼山，因山腰坐落着北禅寺而著称于世。北禅寺是道观，香火一直很旺。到了土楼山，若想爬到山的高处，看凌云塔的姿影，必得踏上几百层的阶梯。体力好的堂兄、堂弟很快就没了影，只剩下我和小杰喘着粗气，奋力地往上爬。

喘息中，觉出小杰的脸比往日更加清瘦，便摆出姐姐的面孔，问他几句话。他先是默不作声，后来，被我问得紧了，竟流出两行眼泪来，我不敢再问。

姑姑告诉我，小杰上大学的时候有了一个很好的女朋友，同班同学，家在成都，两人商量毕业后一起到成都工作。

暑期放假，小杰随姑娘去成都，住在姑娘家里。姑娘的父亲挺喜欢小杰，母亲却不怎么乐意，还没等小杰走，就扯下小杰睡过的沙发单子去洗。小杰见了，心下一冷，不顾姑娘劝说，上火车走了，从此也就断了这个念头。

过了几年，伯父的小儿子都成了婚，我们几个大的也都有了自己的孩子，一大家子凑在一起，两张桌子也不够安排。来的时候，热热闹闹，走的时候也是大的叫，小的呼，只有小杰还是一个人。

他好像不清楚自己到了应该成婚的年龄，在他面前说起提亲的事，他也漠不关心。但是，看得出，他很寂寞，除了按时上下班，就躲在房间里听音乐、读书，也不大与人交往。

姑姑看他孤单，便背着他请人给他说媒。然而，不幸的事从天而降，小杰得了不治之症，淋巴癌。

起初，那可恶的东西只是一个小小的疙瘩——长在小杰的脖子上，手术后全家人都瞪着血红的眼睛，巴望着它是良性的，但切片检查后，又一次被确诊为恶性。

检查的结果自然瞒着小杰，瞒着姑姑。小杰以为做了切除手术，就什么事也没有了，只有我们这些明白人眼睁睁看着小杰一天天的变化。

又一个春天不知不觉地来了，天气一天暖似一天。最早崭露春天的，是与我每日相见的一棵大柳树。在其他树还没有绿意的时候，这棵柳树上的芽苞已经绽放，绿茸茸的，像一朵有颜色的云团。

美丽的春景啊，请留住小杰的生命吧！面对大树，我默默祈祷。

伯父和叔父及我的父亲都没有了踏青的兴致，可怜的姑姑却兴冲冲地张罗着，让大家一起去公园欣赏早开的郁金香。

和往年一样，郁金香尽情开放，红的一片，黄的一片，或者是红的黄的夹杂在一起，组成这样那样好看的图案。

伴着长辈，我们同小杰一起在丁香树的花影下奔跑着。因为要做出很快乐的样子给小杰和姑姑看，所以说话的声音比平日要高出许多。

看上去小杰非常高兴，苍白的脸上竟然有了一点红晕。他破天荒地和我们一起说笑着，吃饭的时候还和姑姑密谈了一会儿。没生病之前，懂事的小杰无论回来多晚都要坐在姑姑床边，给自己的母亲讲述白天发生的事情，直到母亲轻轻地睡去。这样的儿子是不多见的，姑姑常常为此感到欣慰。

我看见姑父眼睛里闪过一片泪花，推说吃饱了，便离开了席位。伯父和叔父也是拉拉扯扯地说些他们都糊里糊涂的话。

我的心里难受得像针扎一样，不敢往姑姑和小杰那边看。

癌症是残酷的，它在小杰的体内转移得迅速而又猛烈。

第二次手术后，疼痛就一直没有离开过小杰。

他的脖子、他的胳膊，每时每刻都在疼痛，晚上睡觉的时候，他只能屈着腿跪在床上趴一会儿；疼得熬不住了，就紧紧抓住姑姑的手，大口大口地喘气，但从不呻吟。

一天夜里，他突然醒来，一双又黑又大的眼睛望着姑姑："妈，我会死吗？我不想死啊。"姑姑心疼地流下了眼泪，摸着他瘦削的脸说："孩子，你不就是胳膊疼吗，人家没有胳膊的人还好好活着呢，你这么年轻，怎么会死呢！"

小杰笑了，他忍住剧痛，把头靠在姑姑怀里，安静地睡了。

春天很快过去了，夏天来临的时候，小杰已经下不了床，无法呼吸室外的空气。

到了这种时候，姑姑还是坚信他的儿子没有什么大病："这只是手术后的并发症，调理调理就会好的！"她对每一个来看望的人说。

一次，小杰单位来了许多人，姑姑不知怎么就哭了。等来人走后，小杰生气地说："你在这么多人面前伤心什么，好像我要死了似的！"姑姑便不再当着人面哭泣。

可是有一天，姑姑突然变得坚强起来，她已经不能够忍受儿子对于生命的苦苦挣扎，不能够目睹病痛对儿子的百般折磨。她开始默默地祈祷，祈祷上苍尽快带走她的最亲爱的儿子。

最后一次去医院探望小杰。那天，阳光特别耀眼，病房里很热，没有一点儿声响。我悄悄推开门，姑姑正神情庄重地站在窗前望着小杰。小杰无力地靠在被子上，疲倦的头低垂着。一位穿素净衣裳的出家人，双手合十，在小杰面前轻轻默念着。过了一会儿，出家人从一个黄颜色的袋子里拿出一只木碗，又从袋子里舀了半碗小米，抓起一把，顺着小杰已经掉光了黑发的头上轻轻撒了下来。一粒粒圆润的、金色的小米缓缓滑过小杰衣服的每一处皱褶，又轻轻地落在地上，似乎完成了姑姑嘱托的使命。

出家人抬起头，对姑姑说："好了，你的孩子不会再受罪了。"

姑姑感激地望着出家人，眼泪夺眶而出。一个母亲，到了这种地步，还能做什么呢？

最后的时刻到来了，小杰的脸上只剩下两只深陷进去的大眼睛，嘴唇没有了颜色，强烈的疼痛以及无力的治疗，使他变了模样。

那天下午，他累极了，可他不想蜷缩在床上，他怕自己突然睡着了，再也醒不过来。我扶着他坐起来，让他的头靠在我的肩上。他的腿很凉，我能感觉到生命在他体内渐渐退去的速度。他说："姐，你说我的病怎么就好不了呢？"我说："小杰，怎么好不了，这治病也要有个过程，不能着急。"他说："姐，我还没去过北京呢，我想去北京看看。"我说："病好了，你自然就能去了！"

夜里，12点刚过，小杰终于支撑不住，趴在床上睡着了，可这一睡就再也没有醒来。

最后一次见到他时，他终于可以伸展四肢，平平展展地躺在床上。痛苦已离他而去。

病床边的柜子上放着一块鲜艳的蛋糕，上面插满了30支耀眼的蜡烛，小杰他，刚刚年满30。

一个年轻的生命就这样消逝了。

雪越下越大，眼前一片迷蒙。小杰的生命多像这飞扬的雪花，静悄悄地来，静悄悄地走，留给我们的只是他可爱之处的记忆，那双留恋生命的眼睛。他是一个极普通的青年，还没来得及去一趟北京，没有来得及收获爱情。

小杰逝去后，心碎的姑姑和姑父也相继离世。

又过了几年后，亲戚们就不大提起他了……

精彩
— 赏析 —

这篇文章讲述了一个悲伤的故事。全文感情基调很沉闷，"只有小杰，到了十八九，看上去还像个孩子"这句话暗示小杰可能身体有问题。"只剩下我和小杰喘着粗气""喘息中，觉出小杰的脸比往日更加清瘦"交代了小杰的体力还不如一个女生，身体状况越来越差了。"小杰得了不治之症，淋巴癌"确诊的消息照应了前文的种种迹象，也为小杰最后去世做了铺垫。

秋叶无语

🌸 心灵寄语

> 树上的黄叶在寒秋中摇摆，它好像不想落入尘土中，可是那秋风吹得它瑟瑟发抖，黄叶任凭风吹，生命似乎对它失去了意义。

深秋的风吹起来声音很响。

一夜之后，窗外的树已经只剩下几片叶子了。

今年的秋天很奇怪，一直没有让我找到那种黄得发烫的叶子。往年到了这时，总会在不经意间，看到形态完美、黄得透亮的叶子。我喜欢把它们平平整整地压在书里，或者放在玻璃板下。因为，很多时候，这样一片一片的叶子，会在朦胧中变成一幅幅油画。那是我的朋友，小时候的好朋友荣画的，每一幅画都很美，都会露出淡淡的忧伤。

十二三岁的年龄，求知欲很强。我和荣拜著名画家林一鹤为师学画。一鹤老师的绘画禀赋很高，他的老师是潘天寿，了不得的人物。荣比我用功，比我懂事，学得特别认真，素描功底极为扎实。很快地，我和他便有了距离。老师常说，画画是需要天分的，而荣是最优秀的。

48

没过多少年，荣便考上美术学院去深造了。

新年到了，荣寄给我一张他画的油画，满纸金黄色的叶子，褐色的树干，只是天上的云是灰色的，显出几分沉重。一鹤老师看了后说，荣是他教过的学生中最聪明、最有才气的，但是荣的性格中有很多忧郁的、化不开的东西，这也许会害了他。

几年过去了，荣回来了，在一所大学教书。回想我那时还在读高中，虽然和荣同住在一栋楼上，却不能像小时候那样轻松地交谈。有时候，在院子里碰到，显得很拘谨、很客气。当然，也会站在一起说说话，但没以前那么多的话了，只是喜欢说一些过去在一起学画画的事。他记得最清楚的，是一鹤老师带我们去秋天的郊外写生时，淘气的我把画笔扔在一边，趴在地上满地捡叶子的事。

过了一段日子，我发现我的朋友荣恋爱了。

他不像以前那样愿意和我站在院子里说话，他有点魂不守舍，眼睛里堆满了幸福。我虽然比他小，但是，我知道他一定是喜欢上什么人了。

不过，他的恋爱有些神秘。我从没有见到过她的女友。

荣从小就跟别的男孩不大一样，他有礼貌，很懂事，从不惹母亲生气，唯一的爱好就是画画，荣画画是用心画的。所以，能让荣爱上的，一定是个不平凡的女人。

但是，没过多少日子，院子里便传开了。荣跟一个比他大20多岁的女人在一起。大家都在为荣感到惋惜，他的母亲见了人也不敢抬起头，好像荣做了什么丢人的事。

荣开始不回家了，我已经很长时间没见到他。

那一年的秋天，我和父亲在公园散步。

秋日的傍晚，天上的云彩火红火红，满地的秋叶像金子一样撒在地上，我弯下腰捡起好看的叶子，把它们的茎剖开，一根根串在一起。这时候，我听见前面的树叶发出了轻微的响动，我抬起头，心里一惊，连忙蹲下了身子。

荣正挽着一个女人的胳膊向我们走来。屏住呼吸的我，把头埋得更深。只听见荣和那个女人的脚步声从我身旁慢慢走过，我猛地抬起头，看见了挨着荣的那个女人，她比荣的母亲还要老，不但穿着极普通的衣服，头发还是农村妇女常留的那种短发。

不知为什么，我的心是那样地惆怅。

父亲从一棵高大的树后走了出来，我们俩谁也不想说话，我也不再有捡叶子的兴趣。就这样，一路踩着金黄色叶子，没精打采地缓缓走着。

湛蓝的天空无边无际，秋天还没有过去，满地的秋叶还没有完全枯萎，院子里的阿姨们正忙着腌制过冬的咸菜。荣非常突然地，在他学校的寓室里自杀了。

荣死亡的消息，同荣的恋爱一样使人震惊。人们又纷纷怜惜起这个年轻的生命，诅咒着那个又老又土的女人。认定，荣是被那个女人害死的。

我对谁都没提起过我见过那个女人，只是在无数个没有月亮、没有星星的夜晚，怀念着儿时的伙伴。我不了解荣的恋爱出了什么问题，我也不理解荣为什么会爱上一个比他大那么多的女人，更不知道他为什么会离开爱他的母亲和让他如痴如醉的绘画。但是我相信，荣的生命的开始和结束，对他来说，都是自然的，就像风吹草木，就像秋天俯瞰黄叶的天空，并不总是碧空如洗的蓝色。

许多年过去了，叶子黄了，又青了。有很多更精彩的事早已淹没了荣和荣的故事，也没有多少人能提起他。只剩下那个痛苦的，失去儿子的母亲，在孤独的日子里忍受着煎熬。

　　荣离开的时候，只有 24 岁。如果还活着，他一定会画出极美极好的画来安慰自己，安慰母亲，安慰所有爱美、爱生活的人。

精彩
——赏析——

　　文章以秋叶为题，寓意深刻。全文弥漫着一种淡淡的忧伤，作者以伤感的笔调，讲述了"我"的朋友荣的一些往事。"窗外的树已经只剩下几片叶子了"寓意回想起故人，一种伤感和别离之情涌上心头。"许多年过去了，叶子黄了，又青了。"说明人生无常，要正确对待人生，珍惜生命。

心　愿

> 在这个世界上，每个人都会有不同的心愿，心愿不分大小与层次，心愿是美丽、真诚、天真的。人的心愿会有很多，但不管是大是小，心愿都会陪伴我们一步一步走向成熟，达成梦想。

　　临街的一片不大的园子里有一棵丁香，五月开花，一直到六月。树上的花朵很繁很密，也很香，诱来了许多的蜂，也招来了一些不懂事的孩子，围着他转。我唯恐这棵树被糟蹋了，远远地躲在角落里，盯着跑来跑去的孩子。有孩子抓住花枝的一角轻轻拽的，也有看看四下无人，扯下几枝跑了的，但都没有大碍。花依旧开得茂盛，满树都是，几乎没有缝隙。

　　我站的位置，正好是个送风的地方，风慢慢一动，花的香气就飘了过来。我像神仙一般，只需轻轻地一吸，那饱和的花的最美的一瞬，便被尽数收了过来，实在是惬意得很。

　　但是后来，一个小小的女孩，打乱了我的兴致，我不得不停下我快乐的心境，把眼光投在她的身上。这是一个很小的女孩，最多超不过七八岁。她似乎不属于刚刚奔跑过去的一群，也不像是大人领过来的。她已经在这棵丁香树下站了很久。起初，我以为她的父亲或者母亲会带她回家，但是，过了很长时间，也不见有人来接她。

小女孩一直踮着脚尖，在树下细细张望，不知在寻找什么。比起眼前的小女孩，我比她可是要幸运得多。因为我小的时候，实际是生活在一个大大的花园里。父亲在中科院直属的西北高原生物研究所工作，我们住的大院子里除了一栋办公大楼和三栋宿舍楼，其余全都被花木和各色各样的实验田覆盖。而且我们小时候，总有许多的空余时间，在院子里疯跑。每一片不同的树叶和每一只不同寻常的蝴蝶、蜻蜓，都是我们追逐的对象，随时随地都可以在田间奔跑，在小树林里穿行，或者停留在任何一个能触摸到植物的地方。那是一段难忘的、无忧无虑的时光，也是一段现在的孩子们享受不到的生活。

又等了一会儿，还是弄不清楚这个小女孩的意思。于是轻轻地走过去，在女孩身边蹲下。

女孩子的脸，长得蛮精致，薄薄的嘴唇微微翘着，纤细的手指间捧着几片丁香的花瓣，放出亮光的眼睛还在紧紧地盯着眼前的丁香树。我问她："小姑娘，你在找什么呀？"她放下踮起的脚尖，看住我："我在找六瓣的花朵，可难找了！"听了女孩的话，我也把好奇的目光盯在了树上，真的呀，以前从来没注意过，丁香花的花瓣都是四瓣的呢，好多好多四瓣的小花朵组成一大簇花，一大簇一大簇的花，才成了遮蔽着树冠的繁花。

"如果找到六瓣的丁香花，就可以许一个愿。"小女孩有点神秘地对我说。

我也开始寻找，从最接近视线的一大簇花开始。当然，因为我的高度，我的视野要比小女孩的视力范围大得多，可以从容不迫地慢慢选择我的幸运之花。但是，我目光所及的所有的小花都是四瓣的，我发现我有点心慌，倒不是因为丁香的花瓣确实以四瓣居多，而是我很在意女孩子的话，我怕自己不够幸运，或者是渴盼幸运降临的心情太过强烈。可是就在我失望得快没有信心的时候，突然惊奇地发现，在我右手很容易够得着的地方，有一朵六瓣的花朵，我高兴地叫出声来。女孩也替我高兴，她像大人似的告诉我："你可以把它摘下来，那是你的幸运花。"哦，我的心里甜蜜了一下，然后，小心地摘了下来。这样，我的手心里，真的躺了一朵六瓣的丁香花。我使劲地闻了闻，端详着六个洁净的花瓣，相信，真会有吉祥的幸运之神来到我的身边。

小女孩凑过来，羡慕地看着我手心上的花瓣。我问女孩："如果你找到了六瓣的花朵，会许什么愿呢？"小女孩不假思索地说："我有个心愿，希望妈妈的病快好起来！""怎么，你妈妈病了吗？""是的，"小女孩说，"我的妈妈得了重病，躺在医院里，我想让我的妈妈快快好起来！"我低下头，看着女孩，嗓子眼里堵起了一大团东西，眼睛也酸了。沉默了一会儿，我尽量用平淡的语气对女孩说："让我把你抱起来吧，好像越往高处，六瓣的花越多。"女孩仰起脸，她的眼睛还是那么明亮，只是有一种期待的渴望之情流露出来，叫人看着心疼。

女孩在我的臂弯里挺直身子，用粉嫩的手指在花丛里拨动着。我不知道，她从哪里得知这种许愿的方式，想通过自己柔弱的努力，让自己的母亲早日恢复健康。

小女孩找了很久，胳膊酸痛了，才停住了小手，而且，那个时候，天色已暗，渐渐看不清眼前的东西了。

女孩还是没有找到六瓣的花朵。但是，有人来了，女孩的祖母，把她从我的怀里接走了。

分别的时候，我们说好。明天还要来，一起寻找六瓣的花朵，许一个愿……

第二天的傍晚，小女孩没有来。此后，我在同样的时间又去了几次，还是没见到那个可爱的、有点早熟的孩子。

不知为何，会常常想起那个为妈妈祈祷的女孩子。当时，我太自私，只想到让自己幸运。如果那天，那朵六瓣的丁香花让她摘了该有多好！

精彩赏析

这篇文章以心愿为题，讲述了一个小女孩对妈妈的爱。"我在找六瓣的花朵，可难找了！""如果找到六瓣的丁香花，就可以许一个愿"，此处描写小女孩在努力寻找有六瓣花朵的丁香花，就是为了许个愿。她有什么愿望呢？引出读者对下文的好奇心。"小女孩说：'我的妈妈得了重病，躺在医院里，我想让我的妈妈快快好起来！'"原来小女孩的愿望是期待妈妈的病快点好，一个孝顺可爱的小女孩形象跃然纸上，也让作者为自己的私心感到羞愧。

牵牛花

🌸 **心灵寄语**

牵牛花是由一根纤细的藤连接着花朵。在五彩缤纷的花的世界中，它再平凡不过。它没有牡丹的高贵，也没有莲花的清香。但是，它不卑不亢的品质却带给人们不一样的感动！

春节的一天，阳台上的花盆里，冒出几枚绿叶。很快又探出一朵紫色的牵牛花。我这才想起，是去年秋天从山上采回来的几粒种子，在这方寸之地扎了根。

从那天起，我每天睁开眼睛的第一件事，便是到阳台上欣赏那新生的花朵如何在晨曦的微明中轻轻绽放，又怎样在阳光的浓烈中渐渐衰弱凋零。到了黄昏时，它小小的身躯，已吐尽芳华，衰弱地躺在了地上。

小时候，祖母、姥姥的庭院里，都是牵牛花。深紫、浅紫、玫瑰红。花园里、墙角下随心所欲，自由自在。但是，比起院中的大丽花、牡丹、芍药，牵牛花总是谦卑、含蓄。躲在碧绿宽大的叶子中间，于高原的春夏，含笑迎风，默默地送来美意。过了正午时分，牵牛花会慢慢闭合，掩起秀美的身姿，给欣赏她的人留下遗憾。此时，牵牛花有着悲剧的、令人叹息的美。如今，安宁地独自端坐良久，不觉得清冷、不觉得孤寂的庭院不存在了，代之而起的高楼大厦挡住了人们的视线，挡住了人们的心，也让奔波于尘世、挣扎在生活中的人，忘却了花的优雅、花的清香，变得越来越冷漠。

春节期间，牵牛花盛开，这偶然得来的快慰，真有些让人喜不自禁！更何况，牵牛花的叶茎长得如此之快，每天都有簇新的叶片和含苞的蓓蕾让人惊奇，每天都有意想不到的花朵，藏在密叶的身后静静开放。起初是一朵、两朵，后来是三朵、四朵。今天需要插进去一根细棍支撑，明天又要一根更长更粗壮的给她撑腰，给她提供繁衍、生息的场所。之后，又发现，前一天在余晖里，细细数好的花苞，到了第二天，会开出意想不到的数量更多的花。

今天早上，天色有些阴暗，灰蒙蒙的空中，飘着轻盈的雪花。可是，牵牛花依然如故，悄悄开放，而且有了 19 朵。

今朝蓓蕾，明朝鲜花的日子在春节期间一直延续。开学前，不爱多说话的儿子也开始数起了花，不像是百无聊赖、无所事事的样子。儿子离开家去泉州上学后，寂寞的我，观察得更为仔细。白天拍了照片发信息，晚上还要打电话给儿子汇报。这其中的快乐与感动慢慢渗透，进入心底，让我和儿子共同的牵挂和慰藉延长了很久。

不仅如此，更多的朋友和我一起分享了这种幸福。朋友琴是青海民族大学的心理学教授，正就读清华大学心理学专业博士。春节回来，在我家里见到蜷缩在一起，娇弱无力的牵牛花，似有所悟，希望能在某一天的上午亲眼目睹初开时，牵牛花艳丽清新的模样。女画家淑涵听了我的叙述，于一天的早上，特地赶来赏花，顾盼良久，心生芳泽。回去后用她擅长的技法画了一幅很美的聚丙烯画送给了我。还有擅长书法的朋友劳建忠，专程去公园花卉市场买了花盆，把我送他的花籽种在花盆里。第一朵花开放的日子，竟喜不自禁地打来电话告诉我喜讯。

这会儿，我又被我的朋友感动了。其实，每一个人的内心，都藏着一颗爱美、易感、脆弱的心。只是，平日被琐事缠身，忘记了自己的缺失和需要。如今，面对灿然的花朵，每一个人都不由得怦然心动。

在日本工作了20多年的中学同学元珠回家，听我叙述起此事大为感慨。她告诉我，牵牛花在日本还有一个极温润的名字"朝颜"。这名字，似乎更美、更忧伤，让我时刻铭记，她只是一朵在晨光中绽放笑颜的花。虽然短暂，却极尽芳华。这又不得不让我对这素朴的花再次心生敬意，也对日本人清淡的审美，敏感易悲忧郁谨慎的性格有所感悟。

近些天来，对着开放的牵牛花沉思遐想，看着它清秀素净的面容，闻着它沁人心脾的芳香，总是有许多值得我想念的人和事袭上心头。原以为，已经过了悸动的年龄，可是对着一朵浅紫的小花，仍然有着无尽的期待和恐慌。有时候，竟会忍不住落泪。

牵牛花是夏天开花的草质藤本植物，能在早春的阳台上先睹为快是因为温暖的阳光。牵牛花的别名有子午钟、喇叭花、草金铃、东云草、槭叶牵牛、碗公花、子午花、黑丑、白丑、牵牛子。牵牛花和人一样受自然所赐生存，又因自然规律消亡，和优秀的智者一样盛开时不矜夸，衰谢时不悔恨，一切听从天命，听从自然的召唤，却又用极短的寿命诠释着生命的最高境界。

春天就要来临，我一边沉浸在万物萌生的喜悦里，一边又不免徒生伤感，觉出岁月的无情。不禁想起李叔同的诗《悲秋》：

西风乍起黄叶飘，日夕疏林杪。花事匆匆，梦影迢迢，雪落凭谁吊。镜里朱颜，愁边白发，光阴暗催人老。纵有千金，纵有千金，千金难买年少。

为了眼前的生活，为了不能实现的理想，大自然中的一切都须听从心灵的声音，在属于自己的肤寸之地悄然开放。

人世间，没有永恒的美，也没有永远的爱。如果失去了爱，唯愿心随风而走，无怨无艾。

精彩赏析

"春节的一天，阳台上的花盆里，冒出几枚绿叶。很快又探出一朵紫色的牵牛花。这才想起，是去年秋天从山上采回来的几粒种子，在这方寸之地扎了根。"文章第一段交代了牵牛花的来历，结尾"想起李叔同的诗《悲秋》"，文章引用诗句，既写出了作者对牵牛花的喜爱，又反映出作者对时光流逝的感叹。一首诗衬托出岁月流逝，青春不再。

记忆中的运动会

🌷 **心灵寄语**

> 记忆中，运动会长长的跑道就像漫长的人生之路，一切都有可能发生，只有拼搏才能奏出优美的乐章。坦然面对成功，淡定面对失败！这样才能在人生的"运动会"上越走越远。

对我来说，记忆中的运动会是节日、是盛宴。虽然，在各项运动中我一无所长，最明显的标志是，上高中时，体操运动员出生的体育老师，惊讶于我的一次跳远考试。他说，执教以来，从未见过跳这么近的同学。

但，这并不影响我对运动会的向往。因为从小学到初中、高中，每年春天历时三天的这场盛会，总会超出我的预想。不仅能让父亲给我买平时吃不到的零食与同学分享，在班主任眼皮底下无拘无束地与要好的同学说很长时间的悄悄话，更重要的还有，为参加比赛的同学加油助力时的疯狂与喜悦。当然，也有伤感的时候。比如，自己十分在意的男同学没有拿到任何名次，或者发觉人家根本就不拿我当回事，完全忽略我的感受。

从清晨到傍晚，运动会现场激越热烈。荣誉、骄傲、意外、遗憾，随时牵动着我的心。我羡慕运动场上勇敢拼搏的同学们，更喜欢广播员清脆嘹亮的嗓音，那声音穿透力极强，传达出令人振奋的消息。欣喜的是，我为同班同学写的一篇表扬稿，终于通过这优美的声音，得以在操场上空回荡，不绝如缕。

高原的风猛烈干燥，失去植被的大山光秃秃的。不论是人，还是等待发芽的草木，都像饥渴难耐的候鸟，在缺氧干旱的大地上，翘首期盼春雨降临。三天后，我的脸长满了白色的皮癣，随后是脱皮、发红、发黑。可那时真年轻啊，有谁在乎这残忍的洗礼，还没等夏天的阳光送来温暖，河边的野花竞相盛开，我又恢复了原来的模样。

印象中，驰骋在赛场上的同学大多有两种，一种是学习成绩和体育成绩都优秀的同学；一种是学习成绩很不理想，但体育成绩非常突出的同学，特别是后者，格外引人瞩目。每当他们第一个冲向终点的身影，被定格在欢呼声中；每当他们一次次打破学校记录，为班级争得荣誉，被老师喜爱、同学仰慕，那鲜活、生动、醉人的沛然之力，会像一粒星火传遍我的全身。

最让我难以忘怀的是初中三年级的那场运动会，我和女同学嫣青被选为本届运动会初三（三）班的护旗手。当老师突然宣布这个决定，当全班哗然，我的心竟像电流穿过，击出了火花。从小到大，从未参加过任何比赛项目的我，根本不敢奢望，有一天能和运动员一起进入会场，迈着正步经过主席台，那将是一个多么振奋人心的场面，动人心魄。

运动会即将开幕，鲜艳的红旗在我与嫣青之间如火焰闪烁，在春天的风中冉冉升起。桃红色的紧身连衣裙，高高的马尾辫，象牙色的蝴蝶结，让我们稚嫩的面庞，活泼清纯、神采飞扬。白色的长袜、

61

白色的球鞋、白色的手套，让我们青春洋溢的身姿亭亭玉立。音乐响起，运动员进行曲高亢雄健，旗手是谁，早已忘却，只记得我们心中充盈着的自豪，两眼平视、稳步前行，任风儿吹过，任阳光洒在我们胸前，心中油然而生一份骄傲与自信。

对很多人来说，这也许是一件小事。对于我，却终生难以忘怀。其实，那时候，我并不完全懂得它内在的含义。

许多年过去了，我在电视上看过不知多少次运动会开幕仪式，全运会、亚运会、奥运会，其波澜壮阔、精美豪华，给予全人类的力量、精神、美德、崇拜与赞美，公平竞争中奋力搏击的审美愉悦与歌吟，深深震撼着我。甚至在大学一年级一次女子足球赛中，我还破天荒地担任过一次中锋的角色。那狂奔的速度、急促的呼吸、抖动的心脏，足以让我窒息，让我忘却生命的脆弱，如同戏曲中三两声重击的响板，一声一声全都落在心口上。

也许，这就是运动的魅力。是前行还是却步？是豁出去，还是得过且过、浅尝辄止？是疯狂的一瞬，还是平庸的一生？人生的路可以选择，但运动的竞技场唯有奋力拼搏。残酷而美丽，无往而不胜。

可叹，岁月消歇，只有经历过千般万般人间事，才懂得精神的馈赠比生命更长久。在我作为一名护旗手，享受热情之火的少女时代，我已隐约感知尊严的神圣，我尤其喜欢那纯洁无瑕，奔向终点，奔向胜利的姿态，这激情飞扬的情景，抗拒着令人不齿的所有诱惑，让我在成长中变得坚强、勇敢。

精彩
—赏析——

　　这是一篇怀念学生时代的文章。"他说，执教以来，从未见过跳这么近的同学"充分说明"我"的"运动细胞"如此缺乏。"为参加比赛的同学加油助力时的疯狂与喜悦""运动会现场激越热烈。荣誉、骄傲、意外、遗憾，随时牵动着我的心"，由此可见，虽"然"我没有运动细胞，但是"我"却非常热爱运动会，哪怕是作为一名观众。"我和女同学嫣青被选为本届运动会初三（三）班的护旗手。当老师突然宣布这个决定，当全班哗然，我的心竟像电流穿过，击出了火花。"而经过千般万般人间事，才懂得精神的馈赠，精神勃发比生命的平庸更可贵。

———————

丁香般的人生

> 丁香是忧郁的，丁香般的惆怅就是忧郁而无奈；这种惆怅是她离开我时的依恋不舍，这种惆怅是我的无奈、失落和忧伤。

初识丁香，是少女时代。

那时候，心里已经有了惆怅。

岁月在一寸寸地往前移，身边的春花秋月随风而来、随风而去。丁香花盛开时，馥郁的香味飘荡在街头、院落，走近时，不知为何，又添了些许说不清楚的忧伤。好在身边有和我一样多愁善感、耽于幻想的朋友小丽，有不断盛开的丁香花陪伴。

也许在西北高原生物研究所长大的缘故，从小生活在植物繁茂、鲜花朵朵的世界里，并不感到寂寞。但，我尤爱丁香，因为丁香曾给我极大的安慰。

那一年，院子里同龄的小朋友都考上大学走了，留下了我和最好的朋友小丽。那一年，唯一的期望就是努力学习，考上大学。

我们开始每天早上步行去离家很远的地方补习功课。

冬天，天还在暗的沉寂里，我们就背着书包走上了长长的路。

晚上，星星挂在夜幕之上，地上吹起了风，我们俩才匆匆往家赶。

当时，那条路上没有一盏灯，两个少女的心是悲凉的，就连落在身后的影子也是软绵绵的。唯一能够安慰我们，让我们不至于畏惧、孤单的，就是路边一棵接一棵的丁香树。虽然没有花、没有叶。但是，它们褐色的枝干紧紧相连，它们挨在一起抵御寒风的模样，像极了手拉着手，走在这条路上的我们，两个心事重重，无助的少女。

小时候，院子里流传着这样的故事，留着长胡子的老爷爷在有月光的晚上，埋下了几朵丁香花，一块透明的玻璃。几天后，这块玻璃变成了七彩的玻璃球，实现了老人最后的心愿。

这是一个美丽的寓言，我和小丽深信不疑，于是急急忙忙照此办理。先是郑重其事地选了有月亮的晚上，各自挖了深深的小洞，放了几粒丁香花瓣，上置一块彩色玻璃。然后，为了证明与这块玻璃和丁香花之间紧密的关系，留了一口自己的口水，盖上土，许下了自己的心愿。

次日清晨，旭日东升，满目清凉，地下的神灵将我们埋在土里的心愿带到了天界。我们坚信，过几天，太阳升起时，小洞里的丁香一定会变成漂亮、非凡的玻璃球，心中的愿望就基本实现了。

但，可能是因为我的心愿过于重大，埋下丁香花的那一刻，便心神不宁、日夜不安。

终于，急不可耐的我打破了等待的苦闷，提前破土挖开了那个神秘的小洞。结果，玻璃上布满了珍珠般的水滴，丁香花安然无恙，根本就没有传说中的玻璃球。

我迫不及待地把这个消息告诉了小丽，一向沉静的小丽气红了脸，长而浓密的睫毛沾满了泪珠。她对我非常失望，几天没跟我说话。

我知道，那是因为我草率的行为，让魔幻般优美的幻梦提前破灭。

春天来临。空气变得柔和、温暖，不再那么生硬。更重要的是，丁香的枝蔓上长出了一枚枚青翠的嫩叶。叶子是桃形的，圆润、温和。随着叶子越长越大，越来越浓，细细的根茎上，又抽出了细密的喇叭样的花骨朵，点点滴滴，缀于绿叶。又过了几天，一场春雨湿润大地，泥土清香。淡紫的、白色的小喇叭张开嘴巴，渐次开放，吐出的清香，甜蜜、怡人，醉了天、醉了地，也安慰了我和小丽哀怨、脆弱的心。

因为每天走在它身边，我还发现，丁香的气味是从每一朵小花瓣根部，流着蜜汁的细微之处散发出来的；又忍不住摘下一朵，放进嘴里，当舌尖一碰到新鲜的花瓣，就立即捕捉到了它特有的，香甜的滋味。

长大后才知，丁香是极适应青海生长的木樨科落叶灌木，品种繁多，有小叶丁香、毛叶丁香、花叶丁香、羽叶丁香、红丁香和暴马丁香等，习性顽强，素雅清淡，有着百结、情客、龙梢子这般耐人寻味的别名，在中国已有1000多年的栽培历史，还是一味中药。

有一年，我有幸在泉州开元寺紫云大殿后院的甘露戒坛前庭，见到了两株枝叶繁茂、浓荫蔽日的菩提树，不由心生欢喜。这两棵菩提树的叶子和花型与生长在青海的丁香极为相近，不知是不是同一树种。据说这种树是宋朝年间，泉州海运、丝绸通道最为昌盛的时代，由传扬佛教的僧人自印度带到泉州，后由于佛教在中国西部的广泛传播，又被移植到青海。我一直以为，这菩提其实便是丁香，是满山满坡、林荫小道妆点古城的丁香。只是，为抵御风寒、适应青海气候，叶子和花变得小巧、精致、鲜艳、单纯，香气也更加浓郁，有着与大自然谐调的深意，如高原人的情感。

由于身边的丁香如此温馨，带给了我们无限的美意。由于我们对于美的感受太深太重，以至于每天走在它的身边，拥有它，嗅着它的馨香，欣赏着它在阳光下从容优雅的芳容，心里便会不由得欢畅起来，甚至忘记了高考在即、前途渺茫的现实，觉得只要有丁香这样美的花存在，有晨光、日辉、晚霞组成这个世界，而我们又能在这样的世界里，纯粹而自由地活下去，也不失为美好的人生。

在丁香的余味中，小丽上了外国语学院，我读了汉语言文学系，走上了各自命定的人生之路。虽生活在不同城市，彼此之间少了来往。但是，每当我们提起少女时代，回想那条绿意缠绵紫葱茏的长路，丁香的淡泊、丁香的纯美、丁香的执着，就会在眼前静静浮现。以至于影响我们，一辈子都在追求与丁香一样自然、生动、真实的人生。

精彩
——赏析——

"初识丁香，是少女时代。"作者开篇点题，引出下文关于丁香的论述。"唯一能够安慰我们，让我们不至于畏惧、孤单的，就是路边一棵接一棵的丁香树。"这句话说明丁香在"我"成长过程中有着举足轻重的作用。"在丁香的余味中，小丽上了外国语学院，我读了汉语言文学系，走上了各自命定的人生之路。"可见丁香在"我"最悲观、最迷茫的时候，给了"我"信心，让"我们"走出低谷，走向未来。

糖　包

　　有一种味道，叫作儿时的记忆。有一种包子，是奶奶做的糖包。白白的外皮寄托了我对糖包的味道的留恋；饱满的汤汁是我内心对奶奶的思念。

　　年三十前一天，朋友发来一条信息。

　　本来打算在会议之后，留在西宁过年，可兄弟姐妹们兴致勃勃地要去拉萨过藏历新年。他少小离家求学，在外地工作，没有足够的时间与兄弟姐妹同行。

　　屋里冷冷清清，打扫完屋子的他寞寞的。读了几页书，望着窗外的天，期待发芽的杨树、柳树，他决定返回自己工作的城市。

　　走是要走了，可临走时，却加倍地思念起故土、思念妈妈、思念泥土的芬芳，尤其思念妈妈做的糖包。

　　想了一会儿，他不愿想了，竟然睡着了。

　　梦中，他回到从前，妈妈在的时候。每逢大年初一，桑烟袅袅，妈妈总要给他们兄弟姐妹蒸上几大笼糖包，吃也吃不够。糖包的皮又松又软，很有弹性，三角形的皱褶曲曲弯弯，像姐姐的裙边。蒸好的糖包，不等妈妈从笼屉里拣出来，他的小手已经迫不及待地伸进去拿出一个，捧在手里。轻轻一咬，一股夹着核桃仁、芝麻、羊油味的香气冲出来，直逼心腹。

甜甜的梦过后，朋友突然醒了。

看到这里，我的心一动，不由想起了我的奶奶，想起过去大家庭的生活，奶奶做的糖包。

问了朋友的飞机，还来得及。便穿了衣服下楼，去一家做糖包的饭店。想让朋友带点回去，以解思乡思母之情。

街道上，提着大包小包的人匆匆忙忙，有了些年的味道。明天就是除夕，能回来的都回来了。但是，总觉得少了点什么。

再走一个路口就到了。不知为何，我的心怦怦直跳。这家老字号的清真饭店，最有名的就是糖包，父亲爱吃，给他买过，我也喜欢吃。

过了红绿灯，很快就到了饭店门口，里面竟是黑的。我心里一紧，上前几步，贴着玻璃门往里看，一张红色的告示迎面扑来，从今天起饭店停业到初七。还没到大年三十，这家饭店可真够心急的。

见我扒玻璃门上细看，走出来一个小伙计。

我看着他，带着希望："今天不营业，是否有昨天剩下的糖包？"

小伙计一脸盛气，瞪圆了眼。

"我们家的糖包从来没剩过！"

我耐住性子，问了句："那你知道，还有哪家店卖糖包？"

"东关里有一家。不过，不知你吃得惯不？"

哼，小伙计，可恶得很！这会轮到我瞪圆了眼。

"难不成这全西宁城，就没有一家糖包赶得上你家的？"

"那你买去撒！"

我转身离去，玻璃门和小伙计的笑声在身后轻轻闭上。

新春的气息柔和了不少，河里的冰雪在慢慢融化。

那是20世纪70年代的大年三十，面已经和好，躺在案板上。馅也拌好了，花生、芝麻、核桃仁是早几天就预备好的。

喜鹊带着一阵风飞进城里，落在枝丫上，望着四合院里叽叽喳喳比它们还要聒噪的我们。

就要过年了，姊妹们都盼着穿新衣、吃糖果。熬过了一冬，春节就在眼前。我们长了一岁，长辈们老了一岁。可奶奶并不忧伤，也从不抱怨。爷爷去世早，奶奶靠给别人洗衣服、干零工拉扯四个孩子。现在，伯父成了家，姑姑和我的父亲，还有叔叔，都参加了工作，日子一天比一天好，奶奶觉得再苦、再累也值得，心里是甜的。

面发好了，伯母出来叫我们。我不如堂妹心灵手巧，每一次都会被派去拉风箱烧水。先是慢慢地拉，风箱显得不太爽快，吱吱扭扭的。奶奶再三叮嘱我要有节奏地拉、缓缓地拉，然后往灶膛里扔进去一个小面球。片刻之后，小面球熟了，奶奶用铁钳子取出来，吹吹上面的煤灰，掰开一闻，碱的大小就算是有数了。

拉风箱是一件枯燥的活。右手拉风箱，左手要随时准备好往灶膛里添煤渣。奶奶、姑姑、伯母、堂妹，说说笑笑包糖包。我拿本书摊在膝上，一边拉，一边看。看得入了神，手便停了下来。奶奶听不到风箱的声音，喊一声："丫头哎！"跑过来一看，灶膛里的煤变得煞白，火奄奄一息。生气地拽起我，一屁股坐下。一边添煤，一边使劲拉。不一会儿，风箱便优哉游哉地唱起歌来。

包好的糖包，摆上笼屉，上了锅。这时候，需要更大的火力，奶奶便亲自添煤，唤来堂哥替我，我已经跑到院里踢毽子去了。

想起含辛茹苦的奶奶，想起奶奶做的糖包，我的心里暖暖的。以往的事，在梦里，又像是发生在昨日，关也关不住。

糖包出锅了。孩子们簇拥在案板前，看着奶奶把一个个滚烫的糖包，放在一个大铁盘子里，不等放到桌上，每一个人，便托起一个，忙着往嘴里送。

奶奶一边在灶头忙乎，一边喊着："别急，别急，慢慢吃，小心烫了嘴！"可是，我们没有一个能做到慢条斯理、斯斯文文地吃。有的咬一口，仰起头，担心流进嘴里的汤汁顺着嘴角往下流。有的皱着眉头，噗噗地吹着，生怕烫了嘴。有经验的，先咬一小口，急忙避开，让热气散出，再咬第二口。

奶奶是循化一大家族的千金，容貌秀丽，心地善良。上过学，讲规矩。可糖包吃的就是这个热乎劲。若说，放凉了，哪怕温吞吞的，也吃不出个有趣的滋味。奶奶的话像是耳旁风，谁也听不见，谁也不肯坐下来慢慢地吃，静静地吃。

就这样一边想着，走着，一边盯着街边的店铺，小伙计说的饭馆到了。

还好，只有几个人在排队，有希望。想到马上就可以买到糖包，想到不忍离开故乡的朋友，心里美美的。

不管不顾地先挤到窗台前："糖包还有吗？"

窗内传来一声："没了，卖完了！这几天的糖包，你这会儿来，哪还有。"我一愣，瞧瞧时间，哟，快 11 点了。大娘的声音带着责怪、埋怨，像伯母的腔调。

小时候，我在奶奶身边生活了五年。伯父伯母和奶奶一起住，多了我这张嘴，给他们添了不少负担。那时候，伯父在玉树工作，一年回来几趟，能带回好些羊肉解馋。姑姑、伯父、叔父，一大家子常在一起吃饭，虽不富裕，倒也其乐融融。后来，我回到自己家念初中，再后来奶奶离开了我们。不过，大年初一到伯父家吃饭、聊天，可以欢欢喜喜一直闹到晚上。但是，不知什么缘故。这几年，生活条件越来越好，家家衣食无忧，堂兄妹之间却少了来往。大年初一再去伯父伯母家拜年，待的时间久了，堂兄堂妹冷冷的，亲情如同泡在杯子里的茶水，越来越淡。伯父和伯母，常常提起我们小时候的生活，对我们的付出，让我感到无论怎样也无法报答的愧疚与难过。可是，从来没有人提起我的奶奶，那个把我们养大、给了我们无限慈爱、吃了不少苦的，无私的奶奶。

失望中，只得往家走。我住在城西区，朋友在城北区，还要赶飞机。不能够让朋友带走糖包、吃到糖包的遗憾，让我的心情变得有些沉重，觉得挺对不住他，也对不住往日时光的馈赠。

想起朋友微信中的话，佳节来临，思念儿时的伙伴，思念邻里亲友过年时，礼尚往来的热闹情景，我又何尝不是。那时候，日子过得清苦，买斤花生米都要凭票，可那时候的花生米又脆又香，没有一点儿带着药水味的腐气。那时候，餐桌上只有一盘伯父亲下厨做的爆炒鸡，一大家子围坐一起，互相谦让着，一人吃一块，却格外地香。那时候，左邻右舍串门拜年，留下的是一串串的祝福。那时候，堂兄妹在一起，有说不完的话。现在的人，吃穿不愁，还要在意赚钱多少，官位升了没有。邻里之间冷若冰霜，老死不相往来，见面连招呼都懒得打。真不知，现在的生活是离幸福近了，还是远了。

不是说，人有超越性的品质，有对生存意义之上的追求；不是说，物质生活有了保证，人就会向精神世界过渡。究竟是自古以来，中国人的实用哲学根深蒂固，缺乏对自我的反省、灵魂的拷问，还是中国人，本来就缺少以纯粹精神创造为乐的形而上学，以为只要吃好、穿好、趋炎奉承、大权在握，就可以满足地度过一生。

三十晚上，空阔的路面少有人往。高楼鳞次栉比、色彩缤纷。家家都在各自家中吃饭、喝酒、打牌、看电视，不关心与己无关的任何事。我想像过去一样，找一块冬天的石头踢，听听它落在地上的声音。可是，连一块小石头都找不到。一切都掩藏在现代漂亮的装饰里。华丽、冰凉，像隔了一层厚厚的皮。

不论多么富有，多么丰衣足食，心里还是得留点念想，留点美好的。

也不知道，今晚的我，是不是又想多了。

精彩
——赏析——

文章由糖包引发作者的思乡之情。"不等放到桌上，每一个人，便托起一个，忙着往嘴里送""我们没有一个能做到慢条斯理、斯斯文文地吃"，运用动作描写，写出"我们"吃糖包的样子是多么迫切，也反映出奶奶做的糖包味道的甜美，更写出"我"对奶奶的思念。"不能够让朋友带走糖包、吃到糖包的遗憾，让"我"的心情变得有些沉重"，这一句表面写出"我"为没有买到糖包而遗憾，实际上，表达了作者对儿时的美好时光一去不复返的惆怅。

1.阅读《心愿》，回答下面问题。（10分）

（1）说说文中第七段的对话有什么表达作用。（3分）

_____

_____

（2）说说题目"心愿"的含义。（3分）

_____

_____

（3）对于这样的女儿，站在母亲的角度，你想对她说什么呢？（4分）

_____

_____

2.阅读《牵牛花》，回答下面问题。（10分）

（1）文章从哪些方面看出牵牛花深受人们的喜爱？（3分）

_____

_____

（2）文中引用李叔同的《悲秋》有什么寓意？（3分）

_____

_____

_____

（3）作者写本文的主要意义是？（用自己的话回答）（4分）

_____

_____

_____

3. 写作训练。（60分）

　　明代僧人悟空有一首《万空歌》这样写道："天也空，地也空，人生渺渺在其中。日也空，月也空，东升西坠为谁功？金也空，银也空，死后何曾在手中！妻也空，子也空，黄泉路上不相逢！权也空，名也空，转眼荒郊土一封！"近几年来，有不少老同志离退休后，用它作为座右铭，来指导自己度过晚年。

　　人生如梦，生命从无到有，又从有走向无，生生死死，构成社会和世界。请结合上面材料，谈谈你对人生的感悟。题目自拟，文体不限，不少于800字。

巴郎子

❀ **心灵寄语**

> 生活中，我们会遇到各种各样的小事，然而，人与人之间的信任感是我们与人交往看待事物的关键。

大巴扎色彩浓艳，仿佛在太阳边缘。

神秘的、抒情的、忧郁的琴声，伴随着舞蹈跌宕起伏。人们在欢畅中沉醉，被刚入口的油馕、拌面和烤炉上滋滋作响的羊肉串，烧得流出了眼泪。晚霞和黎明同在，此刻，新疆没有黑夜。

谁都会承认，大巴扎最惹人瞩目的地标性建筑是观光塔，无论从哪个角度欣赏，它都是一件穿越时空、拔地而起的艺术作品。传统的磨砖对缝与现代饰面工艺的完美结合，不像是建筑语言的刻意堆砌，而是天作之合，散发着迷人光影。戴头巾的维吾尔族妇女肤色白净，沉默着与我擦肩而过，她们有着一对深褐色的大眼睛，长裙摇曳间，飘起一股薰衣草的浓香。

我买了条黄绿相间的头巾戴在头上，尽量优雅，尽量缓步前行，细细打量回荡在四周的异域风情，砖墙之上被华丽丝绸轻轻划过的痕迹。

长长的店铺里，货架上的干果琳琅满目，令人口舌生津。见我停下脚步，一个快活的小巴郎子，晃晃脑袋，用地道的新疆普通话招呼我："哎！你看看你要什么东西嘛，我这里什么都有！"

我指了指巴旦木，又瞅瞅葡萄干、无花果、杏干。小巴郎子扬了扬浓眉，很有经验地说："什么都来一点嘛，味道好得很！来，你先尝尝！"说着话，他递给我一枚透亮的杏干。想起余下的行程，我摇摇头，又踌躇着伸出一个手指："我每样只要一斤，多了拿不动。"

小巴郎子双手一摊，耸了耸肩膀："哦，这个嘛，你不用担心，一个快递，嗖的一下，就飞到了你的家里。等你回去，你的葡萄干早就在家里等着你喽……"

"哦，是这样啊！"我目光灼灼，眼前一亮，迅速盘算起需要买多少，才够西宁的朋友每人分到一点。

小巴郎子很机灵，看出了我的心思。估计他天天面对的都是类似我这样既贪吃，又糊里糊涂的人。不一会儿，几个满载着干果的塑料袋就装好了，比我想象的要多出许多，我才知新疆人买东西按公斤算。但是，小巴郎子动作麻利，我不好再说什么。

算完账，他掏出手机，咕哝了几句。还没等我回过神来，一位比他高出一头的另一位巴郎子，不知从哪里冒了出来，站在我面前，用黑黑的眼睛看了我一眼，递给我几张特快单子。

小巴郎子把手机揣回兜里，轻松地说："你把地址写好，交给他就没事了！"我顿了顿，听话地趴在柜台上，填好三张单子直起腰，拿给黑眼睛的巴郎子，又按照小巴郎子的吩咐，把邮费给了他。然后，黑眼睛的巴郎子便提着我的三个大包裹，大大方方的，满不在乎的像是我给他买的，一步一摇走了，而且很快消失在人群里。

我收回目光，两眼茫然。黑眼睛的巴郎子自始至终没有对我说过一句话，眼前的这位小巴郎子显然还是个孩子。

"没事啦？就是这个样子，能收到吗？"我模仿着新疆人的口吻。

"哎呦呦，放心吧！放一百个心！"小巴郎子顽皮地摇了摇头，不再搭理我。

我有些无奈地迈出了门槛，觉得心里很不踏实，又没有反悔的理由。在家里也寄特快，但至少要留下电话，或者复印的快递单子。可这会儿，两手空空，心里慌慌。回去时，连走路的步态也不如刚才从容优雅了。

回到宾馆，也不想对人说，为这样小的一件事烦恼别人是很丢人的，但又特别想找个人聊聊。

过了几天，沿路美景令我痴迷，几乎淡忘了这件令人担忧的事。家里人突然打来电话，包裹已经收到！里面的东西比西宁卖的新鲜，好吃得很！

精彩赏析

"人们在欢畅中沉醉，被刚入口的油馕、拌面和烤炉上滋滋作响的羊肉串，烧得流出了眼泪。"此处运用夸张的手法，一个"烧"字把食物的香味表现出来，"流出了眼泪"既说明了这里的烟火气息浓郁，又写出这里的美食诱人。本篇文章通过作者去新疆旅行而被干果吸引，又在巴郎子的推销下买了很多寄回家这样一件小事，引发了作者不确定是否能邮寄到家的烦恼。但作者并未沉浸很久，便被沿路美景吸引，忘却了烦恼，而包裹最终也如约到家。作者通过这样一件小事，旨在告诫我们人与人之间的交往，需要的是信任与真诚。

寻　觅

🌸 **心灵寄语**

> 寻觅是一种人生态度，人的一生在不停地寻找中，有的人寻找乐观；有的人寻找坚强；有的人寻找执着……寻觅就是要学着把自己的眼光放远，心胸放宽，学会真诚待人，与人为善，与人为友。

可能是没见到太阳，也可能是因为别的什么原因，让我终日找不到快乐的感觉。

好几天了，天空的颜色一直是灰蒙蒙的，沉重的楼房在没有光的日子里像一座大山压在人们的头顶，这样的生活已经没有别的内容，只剩下期待、感伤、怀旧或者孤独。

我想到人多的地方走一走，也许会碰到一点新鲜的东西。于是我用一条绿色的围巾把自己包裹严实，朝热闹的地方走去。

但是走了很长的路，也没发现任何值得我注意的地方。在沉闷的空气中，每一条街的颜色都是相同的，每一幢建筑的屋顶都有着形状相似的结构，它们都被高高地孤悬在半空，像一只茫然无措的大鸟，不得不傻乎乎地栖息枝头。

在一个没有鲜花的园子里，枯萎的野草矮小而粗壮；在没有一滴水的池边，站立着一个短发的少女——她背着蓝色的双肩包，正专注地眺望远方，像是在等待迟迟不来的情人。

有很多陌生的人，从我的身边走过，我不知道这些人，行色匆匆要去什么地方。但显然，他们都有各自的归宿。

再往前走，当街的桥上有几个衣衫破旧的乞丐，放出悲凉的声音向你伸手要钱。我似乎听说过专门以乞讨为生的丐帮故事，所以每次当我掏出零钱给他们的时候，总在怀疑他们是否比我更富有。

在我穿越一条僻静的小巷时，从一扇门里走出来一个穿深色衣服的男人。他在转过街时，微微侧过脸，我看到了他细长的眼睛和挺直的鼻梁，还有温和的嘴唇。这不正是我日思夜想的人吗！这时候，我已经离他很近，他的姿态还和以前一样富有生气。但是他没有看到我，就像我不存在一样。他快步地走着，很快便消失在街角的拐弯处，去一个他认定的地方。

我只好继续走路，心里想着该去的地方。

这时，灰色的天空中飘过来一只美丽的风筝，因为太远，看不清具体的模样，但是长长的尾巴和轻盈的身姿为灰暗的天空增添了活力。

我的眼睛一直追逐着这活的生灵，在快要望断脖子的时候，才发现了牵引这只风筝的主人。

这是一个风烛残年的老人，他褐色的颈项与手背已经布满了粗糙的皱纹，勉强直起的脊背上斜挎着一个装满东西的布包，一只手抓着线箍辘，另一只手轻轻地扯着风筝线。

我在离他不远的地方站住，我看见早春的冷风吹起了他的白发，而他却如同孩子一样，兴致勃勃地欣赏着越飞越远的风筝。

见我不走，老人偏过头来，露出不太整齐的牙向我微笑，眼睛也同时笑着。我走上前,从他手里接过线绳。一条纤细而富有弹性的尼龙线在我的手指间紧绷着,我需要紧紧地抓住手中的线,风筝才不会飞走。看着天空中,风筝在自由地飞翔,我的心也快活地飞了起来。

老人呵呵地笑出声来,我把线箍辘还给老人,老人复又夹在左面的胳膊里。就在他用右手紧紧抓住线时,我忽然发现他左面的袖筒有一半是空的。这是一位失去了一只胳膊的老人。我的眼睛有些潮湿,不忍再目睹老人孩子般的笑颜,匆匆离去。

我想不出老人为什么会在这样一个冰冷的日子,有放风筝的兴趣。然而,这只美丽的风筝的确成了这寂寥的城市唯一新鲜的东西。至少在这位老人衰弱的世界里,仍然有着一道生命的景色发出亮光。

路上的人在继续奔波,散发广告的人殷勤地招揽着生意。那些或生动或冷漠的脸上,一一抒写着人生的故事。

精彩赏析

文章以"寻觅"为题目,但作者寻觅的是什么却并未在题目中明确指出,留出疑问的同时,激发读者的阅读兴趣和好奇心,让人想探究一番。本文通过作者外出行走的路线,讲述了作者这一路的所见所闻、所感所悟。文中先是运用比喻的修辞,将在没有光的日子里的楼房比作一座座大山,同时也暗喻了作者如大山压在心头的情绪——沉重、忧郁,从而引出下文作者"出去走一走"。然后,作者分别见到了短发少女、衣衫破旧的乞丐、穿深色衣服的男人、风烛残年的老人,并最终从放风筝的风烛残年的老人身上,看到了年轻人应该拥有的乐观、坚强,积极向上的人生态度。

城市书店

高尔基曾说："书籍是人类进步的阶梯。"与书结缘是我们前进的动力。其实我们和一本书的相逢就是缘分。有些书，不同时段，不同年龄段的阅读会有不同的感悟；有些书，遇见，便会影响一生。

情本身就是一种缘。但是，人的一生中，只有与书的情缘才最真实、亲切、可靠。书不会因为你的贫穷、衰老离弃你，也不会因为你的富有、年轻便攀缘献媚。书是这样的美好、沉静，有着说不尽的话题、难忘的回忆。

由于同书建立起的这种感情，城市中心的新华书店自然成了我最心仪、相处时间最长的朋友。只不过，它显得比我更无私、坦荡、大度，从不与我锱铢计较，也不会因为我的困惑、忧虑，情绪的变化，对我产生厌烦之情。

一直觉得，一座城市因为有了新华书店，才有了中心。有了中心的城市，才会稳定，才会有绵长的生命力和凝聚力。不管风吹雨打、是非曲直，寂寞还是喧嚣，它都像是一面飘扬的旗帜、一个温馨甜蜜的家，让这座城市里的人除了享用物质带来的幸福，还能够体会到精神的快慰。即使你无心走进去，或者暂时没有购书的欲望，它的存在也像是让你吃了枚定心丸一样，感到踏实。

20世纪70年代末，刚刚从文化禁锢中走出的中国人，进入了疯狂的阅读时代，西宁人也不例外。每天放学回来，我的父亲都会像变戏法似的，从一个黄色的帆布包里掏出几本让我眼睛发亮的书籍，有中国古典文学名著《红楼梦》《西厢记》，还有外国文学名著《简·爱》《呼啸山庄》《红与黑》。现在想起来，那是一个个多么温馨的夜晚。吃过晚饭，收拾完屋子，我迫不及待地趴在床上翻看书中的插图，父亲则站在桌前，用牛皮纸为这些书包书皮。包好后，父亲会仔细地打量一番，然后端端正正地用钢笔按照封面的样子，写上书名、出版社的名称，再在书的扉页上，签上自己的名字和购书的时间，最后郑重其事地盖上他的印章。

包书皮的过程，严肃、静默、一气呵成，有一种神圣的仪式感。包好皮子的书有棱有角、方方正正，越发显得素朴、庄重，让我肃然起敬。

父亲说，包书皮的作用很大，一来是怕我把书弄脏了；二来是为了便于珍藏。那时候，家里只有一个小小的书柜，大部分书是要放在床底下的。可我知道，还有一个没说出来的原因。父亲心有余悸，生怕以后书店里不会再卖这类书，又不容许我们读了。

一个星期六的晚上，父亲有些神秘地对我说："明天你不上学，和我一起去买书吧！"

当然可以啦，我高兴地答应了。

如果没有什么特殊情况，周日父亲总是要带我去新华书店逛一逛。春节，长辈们给了压岁钱，我也是要到新华书店去选一两本新书的。有一年春节，看到一本叫苗苗的新书，封面上的女孩长得非常漂亮。因为是彩色印刷，有点贵，可我还是毫不犹豫地买下了它，还闹着让父亲把我的名字改成苗苗。

但是，父亲接下来说的话有点让我发怵。

父亲说："记住，明天早晨4点起床，我们步行到新华书店排队。"

我的天！买书需要起这么早，还得步行。从我们的西北高原生物研究所家属院到大十字，少说也得3公里。我想要赖，不去了！可父亲说："答应的事不许反悔，明天上午新华书店进的书数量少，而且是你特别喜欢看的外国名著，每个人限购两本，你去了咱们可以买四本。"

哦，那是一个怎样的清晨。父亲牵着穿得像个大面包、迷迷瞪瞪、睁不开眼的我走到新华书店时，已经有十几个人排在门口了。显然，他们和父亲熟络，打着招呼聊着天。我没事可干，哆哆嗦嗦地站在那里，低着头忍受着寒冬冰冷刺骨的晨风，蔫头耷脑的。像是过了一个世纪，总算盼来了一线微红的、愈来愈鲜艳的朝霞，映过天边，拂过大地，照在了我的身上。那时候，没有这么多高楼遮挡，金色的太阳腾空而起，我的心一下子敞亮了，暖和了。当然，也让我第一次目睹了日出的辉煌。

此时，我身后的人已经排成了长龙，曲曲弯弯，沿着马路不断延伸。我很佩服父亲的明智，他的英明决定不至于让我们排了队还买不到书。更加幸运的是，那天早上，我们买到的是套书，大仲马的《基督山伯爵》，小仲马的《茶花女》，雨果的《悲惨世界》《巴黎圣母院》一套书算一本。父亲很满意。后来他才告诉我，因为这一阵常常在凌晨买书，新华书店的人都跟他熟了，早就把这个消息透露给了他。

那天晚上，照例包书皮，写名字。当我恳求在扉页上签上我的名字时，父亲想都没想就拒绝了我。这让我很伤心，并下定决心，等我长大挣了钱，有了属于自己的房子，一定要把这些书买回自己家。

这个世界上，每个人都是一个宇宙，每个人都应该有一个自己的精神世界。如今，我从事的工作与图书紧密相连，我自己创作出版的书也在新华书店出售。我还有了在新华书店长期工作、默默关注着我的老朋友。见了我，想不起我的名字，却能叫出"茜草为红"。每当我站在书店明亮的大厅，徘徊、驻足在整齐的书架前，心里总会涌起一丝沉淀已久的暖意。我觉得，这里就是我的世界，我的家，我汲取蓬勃之气、盎然生机、展示才华的地方。

精彩 赏析

本文展示了"我"与书的不解情缘。文章第一段，"书不会因为你的贫穷、衰老离弃你，也不会因为你的富有、年轻便攀缘献媚"一句运用拟人的修辞手法，将书人格化，把读书的好处推向顶峰。文中通过细节描写，尤其是父亲对待新书的态度和做法，比如用牛皮纸为新买的书包书皮、用钢笔照着封面的样子写上书名和出版社的名称、在书的扉页上签上自己的名字和购买时间，都表现了父亲对新书的喜爱与珍惜。紧接着，父亲对作者说的话，"明天你不上学，和我一起去买书吧！"这一过渡段，不仅承接了上文作者对新书的情感，而且引出了下文父亲带着作者去买书的故事。接着，后文又通过早起，顶着寒风排队买书的情景，表达了父女二人对书的痴迷。文章结尾，再次回到书店，与前文和题目呼应，使结构严谨、内容完整。

大雁远航

心灵寄语

大雁是著名的远征者，也是卓越的远航家。每到秋季树叶飘零的时候，它们便从寒冷地区出发，天气暖和的时候再飞回来，我希望我心中的剧场和大雁一样再恢复如初。

晚饭，我一边吸溜着无滋无味的面条，一边不眨眼地盯着父亲。和昨天一样，父亲定会故伎重演，扔下我偷偷去看电影。

最近，父亲和民族歌舞团的朋友打得火热。为了便于自由出行，甩掉我这个尾巴，他把我安顿在大提琴手丁莫家里，强迫我跟他学大提琴。就因为丁莫随意说了句，这丫头的手指长适合学乐器。可我知道，父亲意不在此，目的是无后顾之忧地和朋友去青海剧场观赏电影。

70年代末的一天，青海剧场开始连续不断上映国外译制片。这对只看过阿尔巴尼亚电影《地下游击队》《海岸风雷》，朝鲜电影《卖花姑娘》，可已经读过《简·爱》《苔丝》，莫泊桑、契诃夫短篇小说的我，无疑是巨大的诱惑。今天，我可再不能让父亲跑了。

父亲放下筷子，洗了洗手，习惯性地朝着镜子捋了捋黑发。我朝前走了一步，堵在门前，噘着嘴，瞪着眼，无可奈何的父亲只好带上了我。晚霞映照，天光柔和。父亲牵着我的手，在通向青海剧场的路上走着，我的心像揣着小兔子，不停地在胸口扑腾。可是在影院门口，我们却被挡住了。原因很简单，内部电影，少儿不得进入。父亲决然拿出另一张票，本来一个大人可以带一个小孩。

收票的人不为所动，哼了一声。"不是票的事，小孩不让看。"

极度失望的我，不由放声大哭。声嘶力竭、无所畏惧。引来了不少人的目光，也引来了一位风姿绰约的阿姨，歌舞团的舞蹈演员林芳。

她看了一眼尴尬不已的父亲，向收票人低声求情。

不知说了多少好话，但最后一句我听见了。"她这么小，啥也看不懂，听个声音罢了。"收票的人终于松了口，林芳阿姨急忙拉着泪水涟涟的我进了电影院。

那一晚放的是苏联黑白影片《白痴》，正如林芳阿姨所说，我确实没看懂，而且了解到原作者陀思妥耶夫斯基也是后来的事。但是，影片的斑斓、神秘、残暴。梅诗金公爵的苍白、英俊、绝望让我刻骨铭心。时隔多年，当我一再重温陀思妥耶夫斯基的作品，感受着他字里行间一泻千里的感情激流、痉挛般的怜悯与温情，总会想起在青海剧场度过的那个夜晚。

又到了晚上，父亲嘱咐我在家好好学习："你也知道，小孩是不让进的，写完作业早点睡啊！"说完很坦然地走了。我没再出声，把两只碗拿到水房清洗干净放回屋里，擦干手，穿上外套，从容不迫地走出家门。

剧场门口比我预料的热闹。有票的人目视前方，昂着头一闪而过，更多的人拥挤在一起窃窃私语、东张西望，似乎有所期待。机会来了，铃声响起，演出即将开始，剧院的大门就要关闭。可就在这时，一伙人一拥而上，守门的人扯着嗓子，举着两只胳臂来回阻挡。我弯下腰，紧贴剧院大门，从大人们的腿缝里迅速溜了进去，一路小跑来到最前面一排。昨天晚上我就观察好了，第一排左右两边都有空位。

灯光骤暗，一束刺眼的亮光打在银幕上，浑然作响的音乐把我带入另一个世界。苏联电影《法吉玛》如泣如诉地讲述着一段生离死别的爱情故事。其中早已死去，又突然归来的江布拉克烙在手心上的那枚印记，女主人公的绝世美貌，让我无法忘怀。

电影结束了，痛苦万分的法吉玛疯了。我沉浸在悲伤中，在只有月光的夜里慢慢走着，体会着电影艺术的无穷魅力。父亲爱看书，爱看电影，喜欢文学，歌舞团有很多和他兴趣相投的朋友，说不定这会儿正在哪个朋友家里畅聊，我用不着着急。

此后，连续几天，我如愿以偿，用相同的办法看了《复活》《茶花女》《巴黎圣母院》《蝴蝶梦》《苦难的历程》《初春》多部电影。一个月后，内部放映中断。又过了一阵，由上海译制片长译制的经典影片开始在西宁市区各大影院公开放映，阿尔巴尼亚电影《宁死不屈》里的地下工作者米拉成了男生的偶像，主题歌"赶快上山吧，勇士们，我们在春天加入游击队"整天在我嘴里哼唱。随后，国产片也相继走进青海剧场。《早春二月》《一江春水向东流》《角落》《伤痕》《白云山传奇》《芙蓉镇》《牧马人》《花儿为什么这样红》《雁南飞》《庐山恋》《小花》《黑三角》一部接一部。通常，一部电影同时在各大影院放一个月左右，每部电影的主题歌，也会在大街小巷的音像店同步流行，有些歌被传唱至今。

更有趣的是，青海民族歌舞团开始排练大型歌舞表演，平弦剧团、秦剧团、京剧团、杂剧团渐次恢复，父亲的老朋友们一改往日的闲散邋遢，忙得不可开交。印象深刻的是青海话剧团，从本子到导演到演员，绝对属全国一流。20世纪五六十年代毕业于中央实验话剧院的瞿弦和、何天龙、王稔、刘国光、王德才和从兰州调来的高峰等人大显身手，创作出了一幕幕艺术品质很高，反映高原人民生活的话剧，比如描写青海地质人的《高山尖兵》，赞美青海湖牌汽车生产者的《大路朝阳》，表现青海牧区生活的《达尔龙山下》，就连有些剧目的布景设计，也别出心裁，令人耳目一新，绝大部分出自艺术造诣颇深的画家、篆刻家徐步桓之手，而且首场演出都在青海剧场进行，随后才会到人民剧院、基层农牧区演出。当时，他们还排演了一出离开舞台的"面对面"小话剧《于无声处》，颇似2000年后风靡北京的"小剧场"。

就像坦桑尼亚裔英国作家阿卜杜勒－拉扎克·古尔纳说过的一句话，至今为止，难以抵御那种年少时的乐趣十年后依然丝毫无减的感觉。同时我确信，对于这些场景，我的记忆真实而完整。不论温热的夜晚、狂风来袭的夜晚、大雪纷飞的夜晚，均无法阻止我和父亲前往青海剧场看一场演出的热情。

接下来，各种舞会相继登场，我们家成了生物研究所叔叔阿姨学跳交谊舞的场地，害得我和父亲每周得趴在地上，给地板打一次蜡。那时候的地板质量真好，不管怎么折腾，只要一上蜡，立刻便施了魔法般，散发出枣红色的幽光。于是，每当灯火阑珊，青海剧场临街的围墙上，明亮的玻璃橱窗内闪耀着精彩的电影海报。剧场门廊的三层台阶、广场上，人潮涌动，看演出的、"钓鱼的"、倒票的、卖冰棍的、相约舞会的人熙熙攘攘。

到了20世纪90年代，话剧演出绝技。广场上烤羊肉串、土豆片、熬麦仁饭、炒面片、烧烤海鲜的露天小摊一家挨一家。举着啤酒杯的男人、烫着头发、穿着时髦衣服的女人坐在小桌前，不时爆发出爽朗的笑声。已然忘却，多年前这里还是一片长满蒿草，有一排野生杏树，供孩子们捉迷藏、捅马蜂窝的荒地。

1998年夏季，我在青海剧场连续看了两场上座率极高的电影《泰坦尼克号》。此后，越来越多的店铺，南北通透的商业巷、大型超市纷纷而至，力盟商业街成了外地人的游览地。咖啡馆、书店、藏式酒吧，西式餐厅，火锅、烤鱼、各种小吃琳琅满目。闲暇之余，人们手挽手，出入于灯火辉煌的纺织品大楼、国芳百货、五四商店购物、吃饭、聊天，心满意足。

我的家，我工作的单位离青海剧场更近了。可不知何时，青海剧场被改造成了青剧城，没有了往日观看电影、话剧的盛况和规模。可尽管如此，每天晚上，只要能看见它静静矗立的身影，不知疲倦地在人来人往的街道旁散发出温婉和谐的光彩，我就有一种回到家的安全感。

2022年5月的一个下午，一股冲天大火，将这座曾经带给西宁人无限快乐，至今仍被称为青海剧场的影剧城，毫不留情地吞没了。这没有任何先兆的噩耗，像阵阵惊雷，在天边炸响，刺痛了我的心，击溃了我儿时的天真与烂漫。而在此前，它就是一个敦厚、诚实、善良的大哥，不管我走多远，多久，都会面露微笑地接纳我，给我一个温存的拥抱。这难以舍弃的情感，令我心碎。

此时，月亮在昏黄的天上默默地看着。可也许，它是迫不得已，仿佛远航的大雁，隔年还会回来。我痴痴地幻想着。

精彩
—**赏**析——

　　文章以大雁远航为题，但是内容却和大雁无关，作者只是借助大雁远航的规律，阐述自己心中的理想。全文围绕青海剧场这个点展开叙述。作者先是描述了她第一次进剧场看电影的过程，虽然历经波折，但最终还是如愿以偿。而作者也由此一发不可收拾，偷偷混进电影院看电影、看话剧，可以说青海剧场承载了作者最美好的时光，以至于作者对这里有一种"家"的感觉。但是一场无情的大火，让这个"家"不复存在，让作者心碎。最后一段，作者借助大雁南归的规律，希望剧场能再现，体现了作者对剧场的感情之深。

————————

扫码领取
☑ 应试技能　☑ 模拟试卷
☑ 作文精修　☑ 考点突破

野象谷

🌸 **心灵寄语**

> 　　生活有时常常捉弄人，在现实面前，"人性"这个词意味深长。一张假钞检验出人性的幽微之处。

　　喜欢读艾芜的作品，对西双版纳神往已久。

　　过去，那个地方离缅甸很近，通向边界的山路，常常有马帮在云南和缅甸之间的车马店阴暗的洋油灯下经过，于是留下了偷马贼、发了财的人、穷困潦倒的人许多伤感的故事。

　　西双版纳一年中只有旱季和雨季，我听从朋友劝告选择少雨季节来到西双版纳。但是，后悔得很，我想不如等到多雨的时候再来，如果是那样的话，兴许就不会碰到那件事，干干净净的雨水和雨中青翠的芭蕉叶一定会给我带来更多的缠绵和幻梦。

　　正午时分，温暖的阳光和街边四季常青的热带植物在轻柔的白云下四处绽放，一切沉寂，一切静止，没有一丝喧噪。我脱下厚重的棉袄换了漂亮的长裙和儿子兴冲冲地奔下楼，明朗的街道上，早有两位靓丽的年轻男女在车旁等候。只有我们四人结伴去森林公园，这小小的组合令我们惊喜万分。这样一来，我们既不至于太过寂寞，又不会跟在庞大的团队后面张皇失措；而且巧的是，这对新婚旅行的年轻夫妇与我的丈夫还是同乡，这就不免又拉近了我们之间的距离。

从森林公园回来时间尚早，我们又去了家玉器店。我一直偏爱美玉，虽然已经有了几件，可还是禁不住被一件晶莹剔透的紫玉如意吸引，托在掌心舍不得放下。

一直站在我身边的那位年轻妻子也忍不住拿起两件做工精细的佩饰，爱不释手，还是我帮她选了其中一件。经过与老板交涉，我们俩用同样的价格把它们买了下来。

不过，年轻的丈夫付过钱后，收银台的小姐很快退出了他的一百元钱，竟然是一张假钞。假钞看上去和真的没有多大区别。当时，年轻夫妇神情紧张，也不知道这是一张假钞，只好重新换过一张了事。这样的情形以前碰到过，又因得了喜欢的东西，捧在手里欣赏，没有放在心上。可是，我的儿子从没见过假钞，所以非常好奇地拿着它，在收银员的指点下仔细辨认着。

第二天，我和儿子同年轻的夫妇一起被编入十几人的团队，乘一辆中巴车去野象谷。

清晨的野象谷，自黑黝黝的丛林里透出阵阵凉意，布满绿色植物的高山上抹着一层淡蓝色的烟雾。导游去售票处买票，我拉着儿子跑到跳舞的人群里。跳舞的人是一些肤色黑里透红，眼睛明亮的佤族姑娘，穿着黑布长裙，留着黑色长发，唱着喃喃自语的歌。佤族姑娘的歌声还没有落呢，我们的导游却举着一张 100 元的钞票，急促地跑了过来。

"是谁给了我一张假钞啊，我刚才收钱时，也没仔细看。"我们大家马上把看着舞蹈的目光收回来，目不转睛地望着导游，不知该说什么好。

"我那么相信你们，你们怎么能这样！"导游的声音带着怨气。我迅速想了一下自己交给她的 200 元钱，不可能是假的，我走的时候带的钱是刚从银行取出来的新钱，还连着号呢。那么，我突然记起昨天的事，眼睛寻找那对年轻夫妇。然而，他俩和大家一样不动声色，静静地站在那里。只有我儿子像内行一样从导游手上接过假钞，扬起手仔细地观察了一会儿。

一队队游人从我们面前走过，很快淹没在密林深处，只剩下我们这个团队因为突然冒出来的那张假钞傻傻地站着。

导游是一位俊俏的哈尼族姑娘，一袭红色长裙，头发高高地挽在头顶。一路上她有说有笑，眼光像水波一样流动，此时却多了一丝愁云。见大家发呆的样子，她又不忍心了："咱们先去玩吧，一会儿再说。"

野象谷是一条看不到尽头的山谷，深深的峡谷里，浓密的野生的丛林一层层不断延伸。山道上没有赶马的人，也没有拖着光脚板偷偷过境挖宝石的人，只有几间木制的小屋，供游人住宿，还有一些搭在树上的篷子，是为观象人搭的。

中午，走进谷底，太阳光照在热带植物宽大的树叶上，让我们感到了灼热的力量。当年艾芜在云南东部山林漂泊时，拖着酸痛的腿，在泥泞的山路上忍受饥饿，在潮湿的床板上苦苦挣扎，每每闻到油烟的浓味，喉头便要冒出馋水，又一口口地吞下去……而眼下，只要是平坦的地方便有当地景颇族人、傣族人卖新鲜的无眼菠萝和清凉的柠檬水，不可能再让我忍受身在异乡的种种苦处。但是，不幸得很，因为心里猜到了给假钞的人，所以再看到那个脸上依旧挂着微笑，摆动红裙子的导游，心里就没有那么畅快了。

午饭时，开车的司机踟蹰着来到我们桌旁。他眯起眼，用恳切的语气对我们说："如果你们中间有人无意间拿错了钱，就请你们把它换过来吧，那张假钞就放在驾驶台上，我没有关车门。"他停顿了一下又说，"导游是没有工资的，她辛苦一天就是赚点门票的差价，今天这张假钞，不仅会让她白干一天，还要赔的。"然后，他又去另外一张桌子边说了。

我们同桌的人，有三口之家，一对父子及我和儿子，都神情自若，坦坦荡荡。我又偷眼去瞧，对面桌子上的那对年轻夫妇似乎也没什么特别表情，像其他人一样慢慢吃着饭。难道是我猜错了？！

吃过饭，我带着儿子沿一条僻静的山路往上走。导游说，这是大象最容易走的地方。就是看不到大象，能发现大象的粪便也好啊，果然，没走多远，儿子就尖叫起来，我细细一瞧，跟以前在电影上看到的一样。大象的粪便，又大又黑，一块接着一块沿着湿润的落叶消失在密林深处。儿子还要往里钻，被我拽住了。

从山道上回来，我和儿子看见我们的导游和其他几个导游一起，站在凌乱的厨房后面端着快餐盒匆匆地吃着，心里一酸，忍不住对儿子说："是不是那两个年轻人啊。"儿子说："妈妈，没错，就是我们昨天买玉时，他拿出来的那张假钞，我仔细看过的。"

这时候，热得更厉害了，我和儿子坐在山坡上，一边啃着甘蔗，一边享受着绿荫下的清凉。看不到尽头的野生森林弥漫在山岭之上，到处都是绿色，没有一丁点儿艾芜作品中提到的野樱桃鲜艳的影子。恐怕时令太早了吧，真是有些沮丧。我举起儿子的望远镜，想找到那对年轻的夫妇，但是眼前只有五颜六色的花伞和对面山上的绿丛，浓浓密密、高高矮矮，像绿色的大海，把一切都吞没了。

看过大象表演，上了车，又去了两个地方。假钞一直放在驾驶台上，没有人来换。其他不知情的人，心中无过，也就罢了。我和儿子是明白人，心里难免着急，不是为了那一百元钱，而是为那两个年轻人的良心。

但，一直到傍晚，太阳落下去了，也没有人动那张假钞。我无意紧盯那两个年轻人，可是眼睛仍旧不争气地往他们身上看。本来我们已经是熟悉了的，可今天我们没有说一句话。显然，他们也察觉到了我们的心思，但即使这样，他们依旧平静，没有羞愧，没有惧怕，同时也没有笑容。导游损失的只是一百元钱，而他们失去的则是一生的安宁，至少是这次出游的快乐。

回到宾馆，人们各自散去。导游和几个年轻人在餐厅里打牌，因为疲倦，她的脸上失去了原有的光彩，似乎连说话的力气都没有了。见我过来，她还是勉强打起精神，嘱咐我明天的安排。

"还是没有人来换？"我轻轻问。

"没有。"她摇摇头。"算了，可是我不想让它再去害人了，我要把它放在寺庙里。"

"哦，这样也好。"我低声咕哝着，终没有勇气，说出事实真相。

很快就要离开了。美丽的版纳，那成片的香蕉林，那重重叠叠的、紧挨着的不倦的芭蕉叶啊，我曾是那样的喜欢你，终日想象发生在你的树下、你的山谷里，那些为土司所害的木文娜、为儿子活着受苦的周四嫂、为生计所迫铤而走险的盗马贼的故事。而这一次，因为人的丑陋，我几乎忽略了你恣肆、宽厚、仁慈的美，几乎忘记了一直握在手里，儿子为我在地上捡起的一朵娇艳的美蕊花。它虽然过早地凋零在我的手心里，但仍有一丝哀怨的余香留了下来。

精彩
—赏析——

　　本篇文章以旅游为背景，以假钞为线索，讲述了作者在西双版纳旅游时遇到的假钞事件所引发的对人性的思考。"收银台的小姐很快退出了他的一百元钱，竟然是一张假钞"，这是假钞第一次出现，为下文埋下伏笔；"是谁给了我一张假钞啊"，导游收到的假钞，是第二次在文中出现，同时也意味着对人性的考验。但是，最后依旧没有人更换假钞，而导游的一句话，"我不想让它再去害人了，我要把它放在寺庙里"，体现了导游高尚的品格。文中分别运用环境描写和语言、神态描写，展开了两条故事线，一是西双版纳的美景；一是假钞事件。作者以不同的描写方法讲述不同的故事，层次分明、条理清晰。用美景反衬人性之丑，益见其丑，促人反思。

周庄，我的梦

> 记忆是一条河，我们曾经的很多过往都汇集在这条河里，种种美好的记忆在河中漂流而下，久久回荡。

回到高原，遥远的周庄像梦一样消失了。

然而，在我的心里，美好的周庄已经成为一首熟悉的旋律，回荡在我悠长深远的记忆里。

初冬的一个烟雨蒙蒙的傍晚，我来到了周庄。

周庄是这样的平静，以至于我这个来自青海高原，又从未到过江南的人有了一种回归故乡的感觉。它的安逸古朴、雅致清淡，它的从从容容、顾盼自如，都能让我体会到亲切熟悉的感觉。所以，才过了不到半日，我好像就不再是一个对周庄陌生的人了。

雨淅沥沥地下着，踏在青青的石板路上，周庄柔软的水和着细细密密的小雨湿润着我的面颊，也湿润着我的心，仿佛顷刻间呼出的气息也化成了水，化成了一条河，一切都变得这样轻柔干净。

周庄又是这样的妩媚，一座座石拱小桥恰似江南少女轻巧的腰肢，婀娜生姿。倚水而筑的明清小屋错落有致，浑然天成，就连曲曲折折的小巷也显出几分媚态，而沈家朱红油漆的宅院里挑出的大红灯笼，更让这千姿百媚的古镇露出了万种风情。

九百年的古镇啊，你就是这样生活的吗？面对这如此多情的地方，每一个人的神经都会变得有点儿敏感，有点儿脆弱。淡淡的风吹来，又都会像人的心田一样，掀起道道皱纹。

在"三毛茶楼"里，我听说，浪迹天涯，孤独又不孤独的三毛在周庄竟哭了三次。这奇怪吗？不奇怪呀。我想，她哭是因为周庄这样的地方，眼泪是能够被融化的；而眼泪寄托着她的幸福、她的苦闷、她的惆怅，是她唯一可自由安放和聊以自慰的。

我相信，三毛的悲哀和苦楚在周庄曾一度得到了化解。因为，周庄有一个叫张寄寒的人，为了三毛，办起了这个叫"三毛"的茶楼，一定是想和来这里的人一起追忆三毛，想念人间这份最美好的情愫。

周庄的美是水，是媚，是静，是纯；周庄的美，美在浓浓的文化。

这里有巨富沈万三的传说，有近代柳亚子在"迷楼"留下的诗篇，还有画家陈逸飞的《双桥》为这个古镇传播的美名。其实，周庄的文化已渗透到水乡的人和水乡的情里了。

很多老人在拱桥茶坊慢条斯理地喝"阿婆茶"，粉墙黛瓦的小楼里，时而会探出少女羞涩的笑颜，身着手绣的束腰和包头巾的妇女在水里洗衣，还有一位很瘦却精神矍铄的老人面对围起的听众，讲着过去的故事。

水乡不正是因为有了他们，才变得这样悠久、缠绵，才会这样幽静、迷人的吗？

周庄的夜晚依然美丽，掩映在点点街灯里的波光倩影，与茶楼、花坊传出的喧闹和歌声弥漫在甜蜜的水中，不远的小木船上传来了江南的吴侬软语、婉转之音。柳腰翠衣的歌手倚在船头，千娇百媚。我也禁不住想唱了，可又怕北方高亢的歌喉惊动了水乡的恬静。

一位像是从水墨画中走下来的船娘，扶我上了小船，开始了我们的水乡之旅。我高兴地坐在船上，激动不已，见船娘优美地摇着橹，便摇晃着身子摆到船头，扶住船娘手里的橹，学船娘摇了起来。摇了一会儿，似觉出摇橹的韵律，我告诉船娘，她可以坐下来休息了，可船娘的手稍一松劲，我手中的橹已经不听使唤，晃晃悠悠的，将小船撞在了石阶上。船娘笑了，船娘说："摇船累人的。"我说："不累啊，让我留下来和你一起摇船吧！"船娘笑得更开心了。她说："你怎么可以在这里摇船呢，你可以留在这里做别的事啊。"我也笑了："可是，我要留在这里，就只想做摇船的事。"这样一说，我们又一同忍不住地笑出声来，清脆的笑纹一直飘向了河的那一头。

夜色朦胧，月亮被一团云雾遮挡。难忘的周庄啊！真想留下来，做一个水中人。如果有一天，我累了，我倦了，你肯不肯接纳一个高原的女子，一个寂寞的女子，在这里做一个船娘，一个好船娘？

精彩赏析

这是一篇回忆性散文，讲述了作者在周庄的经历和感想。"初冬的一个烟雨蒙蒙的傍晚，我来到了周庄"，这一句不仅交代了去周庄的时节，而且"烟雨蒙蒙"刻画出作者当时的心境。"周庄是这样的平静，以至于我这个来自青海高原，又从未到过江南的人都有了一种回归故乡的感觉"一句不仅表达出了一位来自青藏高原的人竟然在江南找到故乡的感觉，可见周庄的宁静，而且表达了作者对江南的喜爱之情。结尾处的"夜色朦胧，月亮被一团云雾遮挡"与前文"烟雨蒙蒙"相照应，使文章结构完整，同时营造了一种向往平静、朴素、优美生活的心境。

西街的慢板

> 幸福是什么？幸福是朋友之间的相互拥抱，是帮助别人后的一抹微笑，是人与人之间的宽容。幸福就是这么简单！在感动他人的同时，自己也感受到人世间的真情。

西街的故事是什么时候开始的呢，谁也不知道。我只知道，到了桂林，就得去阳朔，到了阳朔，就一定得去西街。

我是和着一船游江的人一起到了阳朔的岸边的。上了岸，其余的人都随导游乘了便捷的工具，往前走了，可是我并不想就这么快地离开阳朔，于是便撇下同船的好友，独自留了下来。

靠着漓江最近的地方，是阳朔宁静的滨江路，坐在潮湿的石板路上可以安静地面对温柔的山脉和绿色的江水，伸手可触的地方有我从未见过的宽大竹叶和结实的竹竿。它让我想起一个没有离开过北方的女人，的确来到了如雨、如云、如梦一样缥缈、美丽的仙境。在这样的地方坐久了，可以让你忘记过去，忘记烦恼，忘记自己。

一位女子过来了，她的身边还有一位温和的男子。男子坐下来，让女子轻轻地靠在他的腿上，女子的脸被阳光晒得像彤红的苹果，一看就知道，她和我一样是个北方的女人。

他们似乎也是被漓江两岸深情的景致迷住了，很久很久没有说话。又过了一会儿，他们站起来，想在这里留个合影，左右看了看，又回过头，求助似的看着我。我当然很乐意地为他们拍了照。一对含笑的情侣就又坐在了湿润的石板上，痴痴地望着江水。

漓江缓缓地流着，踏过几块润滑的黑色石头，我能看见一个年轻的少妇正在江边的青石板上，用一枚手掌宽的竹板专心地敲打一块白色的床单。这应该是南方最平常的家务活了，但是在我眼里还是那么稀奇。仔细地看着那洗衣的少妇从容不迫的神情，好像见到了鲁迅笔下的祥林嫂或者是别的什么人物。

没有那么多的时间啊，只好依依不舍地离开烟波柔水般的江水，上到县前街，款款地走进阳朔古镇的西街，一条古老的有着一千四百多年历史的繁华的小街。

阳光稍稍有些灼人。五月的下午，西街的气氛闲适而淡雅，散发着清酒一样香醇的气息。从入口的咖啡馆"地球村"开始，街道的两旁便是中英文标志的各色咖啡馆和小屋，一间又一间的青瓦小楼，一面又一面的涂了颜色的封火墙，各个如腰门式的桂北民居，又似天上云间的仙宇楼台。特别是每一间屋子的二层楼上，一扇扇似闭非闭、缱绻如春花羞月的小窗，最是我这个北方女子可以怀想的地方。再走几步，屋檐下，露出的也多是些叫人遐想如飞的名字，比如"原始人""野营者"这样一些为周游世界的人提供休憩与交友的场所。往西走，风味浓郁的欧式小屋旁边是娟秀的"宝莲轩"，里面有一个沉默的当地女子，正在用心地刻制一件精美的艺术品；已经完工挂在墙上的木漆作品，是色彩柔和的桂林山水和惟妙惟肖的人物。又过了两处可以吃到正宗西餐的小店，一家透着阳朔民间风情的"西街往事"像一张水墨画似的飘了过来，门道两边悬浮的人物面具或明或暗，或念或唱，诉说着往日的故事。

　　中西文化就是这样，在一条没有尘埃的石头街上，彼此心平气和、毫不张扬地展现各自的风韵。每一家店铺，与每一家店铺的主人都气定神闲得像一位传神的道人，平静之间传达着幽雅，素朴之中蕴藏着深意，让蒙尘的我顿时产生了各种各样的妙悟。

　　喝过一杯清凉的绿豆茶，我复又走上了西街的石板路，在一处比较窄小的小屋前，不由得停下了脚步。那是因为，一种别样的、说不明白的歌声，从小屋里传了出来，深沉的旋律和厚重的男中音传递出来的声音，像是来自天堂，又像是来自地狱，让我的心在毫无防备中战栗。

　　这是一间在西街不算起眼的小屋，深色的砖墙上排列着皮质优良的各式各样的软包、皮带和工艺品，每一样东西的品位和模样都是那样的超凡脱俗，特别是放在唯一一张桌子上用软牛皮钉成的一个褐色本子，仿佛把我带进了中世纪的大门，神秘而忧伤。

　　小屋的主人是一位秀美的姑娘，额头高而明朗，细长的眼睛里含着两汪淡淡的清水，很像是漓江的水泡过的。我禁不住用手轻轻地触摸这些看起来完美无瑕，富有灵性的艺术品。姑娘轻轻地笑着，看着我，却并不想站起来招揽生意。等我细细地看过，她还是不言不语地望着我。

　　此时，小屋里一直回荡着那个男中音悠长而深情的声音，不知道为什么，我觉得这间小屋里埋藏着的艺术气质和巨大的穿透力是我无法贴近的。我很快走了出来，回首看看小屋的招牌，一个非常简单的字——寻，静静地挂在斜坡式的屋顶上。

　　我是想继续往前走的，但是走了一段路后，心里空荡荡的，只有那个男人出自心底的歌声，越来越响，越来越重地叩击着我的心房。我折回身，快步地朝"寻"走去，我想再听听那个声音。

　　姑娘照旧坐在小屋最里面的一张小椅子上，看见我进来，并不诧异。我随手拿起那个牛皮做的本子，问她："这是哪里来的？"她说："是我做的，花了一个星期的时间。""什么，这是你做的！那么，这些包呢，这些挂在墙上的饰物，都是你做的吗？"她低下头，笑了笑："有些是，有些是和朋友一起做的。"我惊讶地张大了嘴巴，太神奇了，这些在我看来美轮美奂的艺术品，怎么可能出自这个姑娘的手呢，而且还这么骄傲，这么自然，这么优雅地陈列在著名的西街，真的是让我生起了无限的感慨。

我不想再问别的了，可是，我还想知道，这间美丽而神奇的小屋里那个深沉的声音是哪里来的，会不会跟她有联系呢？

姑娘还是那样淡淡地浅笑着，她说：刚才还有一个北方的男人来过，他很执着地在这里停了很久，买走了除留给她自己以外的最后一张碟。他告诉她，他要把这张碟送给他心爱的女人……

我沉默了一会儿，然后，我说我想在她这儿多待一会儿，她没有说话，只是起身搬过一张红色的椅子让我坐下。

歌声像如泣如诉的慢板，回旋在小屋的四壁，弥漫出阵阵忧伤，但是，并不绝望。

这张碟是两年前，一位来阳朔的法国青年带给姑娘的，当时一共有五张，姑娘一直舍不得卖，有时碰到特别喜欢这张碟的人，她才会出售。

姑娘说："一开始听这首歌的时候，每天晚上都做梦，梦见高高的塔，尖尖的房顶，梦见黑黑的云彩和深色的天空……"

法国青年每天都要来到小屋，和姑娘一起用自己带来的皮料做手工艺品，与来到小屋里的每一个人聊天，学说汉语，并且和姑娘共同倾听这首永远也听不够的歌。

后来，那位法国青年走了，他让姑娘等着他。他说，他一定会回来的，回到阳朔，回到西街，和姑娘一起生活。

姑娘的脸因为激动，泛起了好看的红晕，街边即将下沉的太阳光也自屋顶斜斜地照进了小屋，这时候，我们彼此都感受到了幸福的滋味，这是人间最美好的情愫啊！

时间似水一样很快流走了，我感觉我像是在梦中，踏着抒情的节奏走完了温情脉脉的西街，猛然惊醒的时候，已经是夕阳西下。回头再望时，西街并没有因为黄昏的到来，露出一丝清冷的气息，反而变得更加温暖，更加亲切。每一个敞开的店铺和每一座半遮半闭的小屋，都在柔软的灯光下，闪动着扑朔迷离的眼睛，不是为了应酬生意，倒像是为了一种缘分，一种情绪和一种莫名的期待，平和而安静地守候着幸福与安详。

巴士在公路上行走，路的两边依然是重重叠叠的小山和绿地。宽阔的稻田里升起了淡淡的烟云，一切都沉醉在若隐若现的迷蒙之中，只是那间小屋里永不停歇的歌声，仍然清晰地在空中慢慢飘荡。

西街渐渐远去，留在我心里的，是阳朔人流恋于细眉之间的那份淡泊与悠远。

精彩 赏析

这是一篇游记类散文，并用插叙的方式讲述了一个唯美的爱情故事。"到了桂林，就得去阳朔，到了阳朔，就一定得去西街。"文章开篇重点提到西街这个地方，由此可见这里是阳朔最值得去的地方，从而引出作者在西街的所见所闻。"不由得停下了脚步""一种别样的、说不明白的歌声"交代了作者停下脚步的原因，"不由得"三个字进一步说明歌的美妙，也为下文听到的爱情故事做了铺垫。

苏州多妩媚

🌸 心灵寄语

> 自古以来，苏州就是许多文人墨客笔下的仙子，无数人为之倾倒。

台风"烟花"穿城而过，蜿蜒北上。数日后，古城苏州恢复了往日模样。清晨，在一场夹杂着南风的微雨之后，我站在了横跨胥江、面迎京杭大运河的彩云桥上。这是一座三孔石拱桥，与胥江和运河交汇处的横塘驿站遥相呼应。放眼望去，虽不见往日沧桑、旧日痕迹，但宽阔的河面在变幻的光线下兴奋地跳跃，桥下拂动的丝丝垂柳，还有四面环水、绿树围绕的小岛，都能让人感觉到自然的蕴蓄内秀、朴实安宁。

走下石拱桥，一间面南背北、临水而筑的亭子在胥江怀中静静肃立。这是横塘水陆驿站一进门面对的歇山式建筑。飞檐翘角、粉墙黛瓦。东西各辟一窗、南北各辟一门，有道门联是"客到烹茶旅舍权当东道，灯悬待月邮亭远映胥江"，边题为"同治十三年六月"。走出北门，拾级而下，一棵树、一道墙挡住了去路，透过玲珑的窗棂，可见墙内杂草丛生，旧时馆舍、楼台已无从寻觅。

苏州湖泊众多、河汉纵横，早在明清时期便有不少上规模的名驿，如姑苏驿、松陵驿、平望驿、枫桥驿。姑苏城南郊的横塘驿站自古为苏州通往石湖、太湖等地的水路要隘，古代传递官府文书、往来官吏中途歇宿之所。不知有多少送往迎来的客人、故交、亲友在此历经重逢的欢愉、分手的缠绵与惆怅。南宋田园诗人范成大留有《横塘》一诗：

南浦春来绿一川，石桥朱塔两依然。年年送客横塘路，细雨垂杨系画船。

值得一提的是，全国除苏州之外，浙江嘉兴的西水驿，同为古代水陆驿站。然西水驿亭，只有碑记为真迹，驿亭却是1999年重建的，只能算半个古迹。因此，横塘驿站实为大运河江南段沿线仅存的水陆古驿站，遥想当年车马舟船、人来人往，情思悠悠之地。

离开驿站，沿运河岸边信步向南，宽阔的河面在日渐晴朗的天幕下明亮、温暖，洋溢着平和与喜悦。一艘艘满载货物的铁船从眼前驶过，觅食的白鹭绕着船头，轻轻拍打着翅膀。从小在高原长大的我，很少看到这样的大船，觉得它很美很美。虽不如海面上乘风破浪的轮船那般威武矫健，却另有一番内敛深沉、行云流水似的古风古韵牵动着我的心。

古老的京杭大运河已有二千五百多年的历史，被誉为"世界上最古老、最漫长、最大工程量的人工运河"，与苏伊士运河、巴拿马运河共同称为"世界著名的三大运河"。它不仅贯通了海河、黄河、淮河、长江、钱塘江五大水系，满足了多年来的南粮北运、宫廷用度，以及京城驻军、百姓用粮，还令万贾云集、南北交通，孕育出沿线会馆、河埠、码头、庙宇、船闸及漕运衙门的繁华与昌盛，被列为"世界文化遗产"，与长城、坎儿井并称为"中国古代的三项伟大工程"。而京杭大运河苏州段，自苏州无锡两市交界的新安沙墩港，向东南方向至石湖北，再转向东行至苏州城东宝带桥后折向南行之水路，自古便是繁忙的运输航线。

一只鸬鹚静悄悄、一动不动地站在运河边的护栏上凝神远眺，不知在思索些什么。我不由得在它身后停下，默默伫立，只为体会它安详的心境。"烟花"已走，河水波澜不惊，如岸边风中柳叶。这时，一艘蓝色的大铁船经过，排水口哗哗直响，比往日激越。细看时，才发现运河似与往日不同，水位比前几天高出许多。难怪，不远处，另有几人，也在静静观望。禁不住走向前，问一位老人。

"河水眼看着是涨了，没关系吧！"

老人摇摇头："没关系，这不算什么，再大的水也有办法。运河岸边有很多水闸，再往前走几步就可以看见。如果河水再涨，人们就会把水闸打开，让运河的水流到水库里。"

"哦，原来是这样！"

听到说话的声音，那只懂事的，静思了许久的鸬鹚突然就飞走了。

我继续向前，走上一座小桥，果然见到了建在河旁的一栋白楼，上面挂着"仙人大港枢纽"几个大字。又往前走了几百米，是"九曲港闸"，也是白房子。我认真地端详了一会儿，很想走进白楼，看看里面，但门窗紧闭，似乎没有人。

那位老人也来到了水闸前。"听昨晚新闻，前天半夜时，很多人还在开会部署预防措施，这里的工作人员怕是熬了几天几夜，这会儿正放心大胆地睡觉呢。"老人眉毛一扬。

"你不知道，苏州这个地方，真是一块宝地啊！每年夏天都有台风经过。可每年，就这样轻轻松松地过去了，真是太好了呀！"

我回头一笑："您是苏州人吧？"

"是啊，老苏州了。"他的脸上露出几分自豪，"我们苏州，这几年发展太快了，老百姓的日子越过越好。我就住在那栋高楼上，30层。打开窗户，凉风一吹，根本用不着空调。而且，一天到晚看着运河从我眼前流过，心里真舒服啊！"

一丛丛紫色的花开到了岸边，长长的灰色大铁船，像是要跟这艳丽的花打招呼似的急急驶来，又突然像摆了下鱼尾，灵活地向北驶去。让我惊讶的是，它竟然不是一艘，而是用粗壮的绳索连在一起的六艘大铁船，有些势不可挡，有些威风凛凛。每条船，船头是驾驶室，中间最长的一段是装得紧绷绷的货物，船尾有几格小窗户，是跑船人的家。到了寒暑假，想念孩子的父母会把孩子接到船上，和他们一起生活，虽条件艰苦，倒也其乐融融。

见我瞪大眼睛，老人笑呵呵地说："这也不算个什么。以前，我见过40条木船连在一起的船队，像一眼望不到头的巨龙，很是壮观。领头的船、开船的人都是百里千里挑出来的。"

至今，古老的京杭运河上，苏州近一半的货运量还在靠水路承担，货船仍川流不息，支撑着跑船人依水而生的生活。从木船到水泥船，再到铁船，经历的寒风酷热、孤独寂寞、欢欣与悲伤，是一部鲜活的运河史，也是一部饱受辛酸的人类生存史。无论是微风中缓缓驶向彼岸的船只，水波里、灯光下游弋的倒影，还是迎着猎猎寒风，站在船头凝望远方的跑船人，都蕴藏着苏州人的灵魂、苏州人的幻梦、苏州人的幸福。

太阳高照，橘色光晕染红了半边天。运河沿岸高楼叠起、繁花似锦，古城、古庙、古桥、古塔、古园林在愈渐浓郁的现代氛围中，保留着古色古香、浓淡总相宜的氤氲之气、江南风韵，又像是苏州人爱听的评弹，温婉、抒情，含着韧性。

凌波不过横塘路，但目送，芳尘去。锦瑟华年谁与度？月桥花院，琐窗朱户，只有春知处。

飞云冉冉蘅皋暮，彩笔新题断肠句。试问闲情都几许？一川烟草，满城风絮，梅子黄时雨。

宋代贺铸一首《青玉案·横塘路》可谓情满运河、言之切切，赋予的是古代文人对横塘曾经翔云连风、晖丽灼烁的无限感慨。谁说苏州只有小桥流水、吴侬软语！此时，运河之水滚滚而来，阅尽的是人间风流微茫事，热烈、奔放、浩浩荡荡。

精彩 赏析

这是一篇游记类散文，讲述了作者在苏州的经历，重点介绍了苏州的水系。文章开篇"台风'烟花'穿城而过，蜿蜒北上。数日后，古城苏州恢复了往日模样"，可见苏州这座城市水系发达，再猛烈的台风也无法对这座城造成重大影响。作者引用南宋田园诗人范成大的《横塘》和宋代贺铸的《青玉案·横塘路》，既反映了这座古城的历史底蕴，又说明了这座城市的独特之处。

绿的泥河沟

🌸 **心灵寄语**

> 在这秋意盎然的时节，站在高处，往泥河沟俯看，那蜿蜒曲折的河流，那青色的石板路，那千年的古枣林……每一处景物都在讲述着一个故事，而这故事是动人的，让人难以忘怀的。

秋天的泥河沟是绿的，绿得温暖迷人。

泥河沟的山上有一条河，河里藏着故事，故事里的人去了远方。

太阳照在青色的石板路上，空气里含着草木的香气。老人们在戏台前下棋，或者什么也不想地晒着太阳。羊圈里的羊跑到山上去了，留下了羊粪的味道。

春天，县里的人来过这里。夏天，为寻觅古树，四处奔波的散文家梁衡先生也来到了这里。村子里有一片古枣林，枣林里长着很多千年古枣树。古枣树饱经风霜，已经沉默了很久，很久。

穿过这条小路，就是那片古枣林。

茂密的枣林，枝叶交错，吮吸着泥土的气息。浓荫下，上千株不同树龄的枣树，胸径粗壮，高大丰沛。粗粝的枝干，虬曲劲挺。婆娑的碧叶，在秋天的光线中，葱郁、柔和，像蜡染了一样浸着光泽，透着古朴，露着风雅，吐着点点红晕。

古树的身上都挂着牌子，记着树的年龄、主人的名字。可见，村里人是多么地珍惜它、爱护它，像敬自己的祖先。

春来了，秋走了，枣熟了，小鸟绕着枣园飞。古老的枣树们还是气定神闲的样子，静静的、缓缓的。没有离开的欲望，也从不渴求赞美，只是在同一片蓝天下，像亲兄弟、亲姐妹，又像是比亲戚还要亲的邻居，终日厮守、不离不弃。用彼此的肩膀相互依靠，用缠绕的枝条相互取暖，在雨中、雪中，在呼啸的北风中度着白日、长夜，度着几世春秋。

在最为年长的一棵古树前，我虔诚地仰起头。

枣树8米多高，树冠阔大，绿如云烟。沉甸甸的果实如玛瑙出浴，泛着油光。古树的主人是武占余，村里的老住户。不知他的祖先与这棵枣树结下了什么样的缘分，也不知种下这棵枣树的时候，村子里当时的情状，以及人的心绪。枣园有碑，碑中有言：千万年前，枣本是山中荆棘，全身带刺，结果酸涩，禽兽不目。是7000年前，黄河沿岸的中华始祖，用心培育，才使枣成为世间上品。

人生短暂、事随人寂。唯有这棵枣树能用1400年的时光、漫漫长夜，打量千起百落、万象纷纭的人间，送走一茬又一茬吃枣的人、赏枣的人，以及靠枣讨生活的人、为枣伤心的人。

和陪我同去的小高、继东，伸展双臂，抱住了这棵枣树结实的身子。那一瞬，我的心在微微颤抖。人的孱弱与无奈、隐忍与顽强，寂寞寒苦中的天伦之乐，竟是与这棵千年枣树紧紧贴在一起。一旁的碑文冷静肃立，侧脸观瞧，不为所动。我不禁伸出手，触摸着树腰下不再葱绿、纹理粗糙的肌肤，感到的不是喜悦不是歌唱，而是树的皱纹深处轻轻的叹息。

泥河沟是枣的故土，是枣的源头。自古以来，以枣为生，以枣为荣。黄河之水荡涤尘沙，留下的沃土养育着泥河沟人。泥河沟人活泼的性灵，也成就着枣的精华、枣的胸怀。

背依群山，面朝黄河的泥河沟，是陕北佳县朱家洼镇的一个小山村。湿润的空气、茂盛的林木、小鸟的叫声，使这个古老的村落有了一种无法言喻的美。小路狭长，碎石铺就。枣林旁的窑洞，斑驳裸露，如脚下泥土。走上坡，坡上有小院，小院的周围还是枣树。

泥河沟的枣是油枣，皮黑红发亮，心又似柔和明丽的玉，甜中带酸，正合我的口味。同来的朋友，忙着笔记、拍照，乐得我和继东抢着摘枣、吃枣，笑声朗朗，惹得站在一旁，常来这里的小高也不由得笑出了声。

拾级而上，还是一座幽静的院落。青石砌筑的院墙，被枣树随意伸出的枝蔓缠绕，清秀而雅致。墙下摞着枣树的枯枝，是落在地上捡来烧水做饭的。推开院门，三口新箍的石窑正镀了黄昏的余晖，发着柔和迷人的光，窑前的架子上晒着玉米、谷子、红薯和南瓜。许是笑声太闹，身后终于出现了一位老人，冲我们招招手。

我兴奋地相跟而去，没走几步，便有一棵娟秀的酸枣树立于路边，挂着紫红的枣。老人摘下几颗放到我手上。酸枣油润，大小同青海沙枣。放进口中，酸酸的、绵绵的，精神为之一爽。

老人慈祥地看着我们。摘了吃，多摘些，吃不了，就带着走。不吃、不摘，掉在地上没人捡。

为什么不摘？这么好的枣，掉在地上多可惜！

没办法！老人叹了口气，村子里的年轻人都走了，打工挣钱，供孩子读书。留下的人顾不上，也没心思，就是摘了也没人要，卖不上价钱。

怎么会这样，这么好吃的枣！

我嘴里含着枣，鼓着腮帮子嘟囔。

太阳下山了，山上飘浮着温柔的紫色。

我像是从天堂一下子落到了地上。

泥河沟紧挨着黄河，是黄河岸边的红枣第一村、中国农业文化遗产、全球重要农业文化遗产地。难不成市场上的"糖精枣"有人吃，泥河沟百年千年、营养丰富的古枣却无人问津？朦胧中，饱经风霜的枣树悄无声息，没有应声，可风轻轻一吹，几颗熟透的枣子又掉到了地上，叫人心疼。也难怪，现在都什么年代了，朴实的泥河沟人，怎么懂得在花花世界里推销自己？

我的心里充满了惆怅，欢快的步子沉重起来。

微光中，田畴里种下的卷心菜，还摊在地上，像一朵朵嫩绿的花。山羊回来了，嘴边还留着青草的碎末。农家的厨房里冒着炊烟，擀好了面，炖上了白菜、豆腐、西红柿烩菜。年轻人出去闯荡，家里的老人固守村落，清清淡淡、与世无争。村子里见不到一只看门的狗，也无需上门锁。日子并不宽裕，但心是敞亮的、踏实的，容得下千丘万壑、放得下生离死别。然而现实又是这样的无情，孩子们需要受教育，外面的世界又那么诱人，老人们有些焦虑、无奈。

经过戏台时，众人散了，小鸟在窝里入眠。只有一棵枣树下的院门敞开，站着一位目光灼灼的老人。老人高寿九十有余，身体健康，其父武开章是大革命时期，创建神府根据地的领导人。中华人民共和国成立后，携家人去了新疆，却把他留在了泥河沟。老人的手结实有力，双眼闪着亮光，像秋天的泥河沟，没有一丝凄凉落寞的样子。真想和老人多说说话，他心里的事，藏着的情，就像是山上的那条河。

如果不是天色已暗，实在难舍泥河沟的温柔与恬淡。

在我眼里，泥河沟就是一个花密香稠、浓荫环绕的枣园，于村人酣睡之时，朝开暮合；阳光明媚之时，尽显生命美感，体贴着人的生活。

到了村口，宽阔的黄河水，裹着泥土滚滚而来，哗哗作响。河岸坚硬的崖壁重重叠叠，映着月光，托着苍苍茫茫的石头城"铁葭州"。只是习惯了城市生活的人，不愿驻足，也不愿过多地回首凝望，这天地和谐的自然、古老的村落。

人世间没有不灭的东西，可是一旦这东西被发现，知道了它存在的理由，和自己惺惺相惜的情感，就会希望它变得越来越美，越来越好。泥河沟是为了山上流下来的那条河，才这样被称呼的吧！我留恋地回过头。

静寂的天上能看见一点两点星星，那条河正闪着粼粼波光。

精彩 赏析

"秋天的泥河沟是绿的，绿得温暖迷人。"开篇直接点题，两个"绿"字说明了泥河沟的景色宜人、气候适宜，为下文作者的泥河沟一行做铺垫。文中多使用拟人修辞手法，将枣树人物化，比如"古老的枣树们还是气定神闲的样子，静静的、缓缓的""像亲兄弟、亲姐妹，又像是比亲戚还要亲的邻居，终日厮守、不离不弃""用彼此的肩膀相互依靠，用缠绕的枝条相互取暖"等，不仅将泥河沟的样貌、姿态等一一展现，生动形象，而且表达了作者对泥河沟的喜爱与赞叹，同时借此文说明历史悠久的泥河沟令人遗憾的现状。

1.阅读《城市书店》，回答下列问题。（15分）

（1）本篇文章分别讲述了作者与父亲的哪些事情？请简要概括。（3分）

_____

_____

（2）联系上下文，赏析以下语句。（6分）

①不管风吹雨打、是非曲直，寂寞还是喧嚣，它都像是一面飘扬的旗帜、一个温馨甜蜜的家，让这座城市里的人除了享用物质带来的幸福，还能够体会到精神的快慰。（3分）

_____

_____

②我没事可干，哆哆嗦嗦地站在那里，低着头忍受着寒冬冰冷刺骨的晨风，蔫头耷脑的。（3分）

_____

_____

（3）文中是如何体现父亲对书的重视程度的？请举例说明。（3分）

_____

_____

（4）阅读全文，分析文章结尾段有何作用？（3分）

_____

_____

2. 阅读《西街的慢板》，回答下列问题。（12分）

（1）结合全文，谈一谈文章首段有何作用？（3分）

_____

_____

（2）赏析下面句子的表达效果。（6分）

①一家透着阳朔民间风情的"西街往事"像一张水墨画似的飘了过来，门道两边悬浮的人物面具或明或暗，或念或唱，诉说着往日的故事。（3分）

_____

_____

②歌声像如泣如诉的慢板，回旋在小屋的四壁，弥漫出阵阵忧伤，但是，并不绝望。（3分）

_____

_____

（3）作者在文章后半部分简要叙述了姑娘的一段爱情往事，有何作用？（3分）

_____

_____

3. 写作训练。（60分）

　　西街渐渐远去，留在我心里的，是阳朔人流恋于细眉之间的那份淡泊与悠远。

　　　　　　　　　　　　——《西街的慢板》

请以"记忆深刻的那个地方"为话题写一篇作文，题目自拟，文体不限，不少于800字。

"绝代佳人"润菏泽

❀ 心灵寄语

> 庭前芍药妖无格，池上芙蕖净少情。唯有牡丹真国色，花开时节动京城。
>
> ——刘禹锡

　　去山东菏泽是为了观赏牡丹。去了，才知自己的孤陋寡闻。原来，牡丹的原产地，竟是在我国西北崇山峻岭间穿行的黄河的两岸，经受过黄土高原的燥烈与风寒。

　　它们原本野生，凝聚着荒野上的天地精华，草木芳泽，在开阔而辽远的草地上像牛羊一样自由呼吸，蓝天一样明媚动人。但是，到了东汉时期，人们便发现了它治疗血瘀病的功效，这一点在甘肃省武威县出土的汉代的医学简数中得到了证实。随后，汉代的中医经典著作《神农本草经》、明代著名医药学家李时珍的《本草纲目》进一步明确了它清热凉血化瘀、调经活血的功效。同时，根据经验，古人发现，牡丹虽结籽，但种植牡丹不需种子，而是以根上苗直接分株繁殖。这在植物学中属于无性繁殖，而在古人眼中，不用种子繁殖便能开花结籽的植物，如同无牝无牡之匹，即无法正常分娩繁殖后代的牲畜，而"牧"字，不单代表生命力旺盛的雄性鸟兽，植物雄株，还指放牧牲畜，肩负照料、繁衍、保护的人。

于是，我们聪慧可爱的古人，不仅将这原野中分外妖娆、潇洒自如的野花引到家门前栽种，取了牛字旁的"牡"代表雄性，又配以朱砂之美的"丹"代表雌性，寓意生命力之旺盛。如此，这仪态万方、雍容华贵、自由奔放，兼具阳刚之气、阴柔之美的性感的野花，因观赏、药用价值以及深厚的意蕴，在国昌民安的唐代，由武则天亲自下旨引种至长安城内，由宫苑波及高级寺观，再由达官贵人宅第，到了一般士人、普通百姓家中，并随黄河东流而下，来到古称曹州，今为菏泽，土质肥沃，半淤半沙，四季分明的黄河冲积平原，在温暖的阳光和适度的雨水中，独领风骚 500 年，演绎着春华秋实、一花一世界的悲欢离合、世事变迁。特别是到了明清两代，菏泽牡丹栽植已达千亩，始于明代的毛花园，清朝道光年间的赵氏园、桑篱园，及当时的铁藜寨花园、大春家花园、军门花园等数处牡丹园，据当时县志记载，已是"每至仲春花发，出城迤东，连阡接陌，艳若蒸霞"的盛景，且尤以"桑篱园""凝香园""绮园"最为著名，见证着中国牡丹之都菏泽往来古昔、峥嵘岁月的繁华。如今，菏泽牡丹的栽植面积已达 12 万多亩，品种多至 1237 个，成为世界上面积最大、品种最多、花色最全的牡丹生产、科研、出口基地。

我是在人流密集，花香浓郁的曹州园内观察菏泽牡丹的。身边的文友，林妹妹似的娇弱，却以最快速度，抢了两个色彩柔和的牡丹花冠，一个给我戴上，一个戴在自己的长发上，又走出几步细细端详，为我调整花冠，让我变得更好看些。霎时，浓郁的芳香浸透了全身，我的四肢因此而微微颤抖，我的脸颊透出了少女般的灼热，如此这般与牡丹亲密的接触，让我无法抑制内心的狂喜，跳动的心云雀般携带鲜花的气息飞向天空。

接下来的时间，满眼璀璨、目不暇接。芳香弥漫的空气中，潮水般荡漾的牡丹争奇斗艳、美若天仙。粉色、红色、紫红、紫色、蓝色、黄色、白色、黑色、绿色、复色扑面而来，浓淡总相宜。单瓣型、荷花型、菊花型、托桂型、蔷薇型、金环型、皇冠型、绣球型数不胜数，尽显风流，稀有名贵品种"掌花案""酒醉杨妃""冠世墨玉""绣球花妃""梨花雪""魏紫""姚黄"，或红装素裹，低头含笑。或艳如朝霞，婀娜多姿。或眉目传情、暗送秋波，更有白中之冠"昆山夜光""金星雪浪""景玉"洁白如雪、无瑕无疵。黑色牡丹"乌龙卧墨池""烟绒紫"深如墨玉、闪如缎……

我相信，这是几百年来菏泽人的精心栽培，菏泽天时地利人和的和谐温馨，也是植物雌雄进化，爱和繁殖的高度。徜徉在牡丹丛中，甜香的味道溢满味蕾，对世间万物的丰饶美丽，对植物昂扬向上的生命力充满了感恩。

文友们相跟着互相拍照，笑声朗朗。当地朋友面露神秘之色，带着我们在一株绿色的牡丹花前驻足。在此之前，我从未见过绿色的牡丹，也不知天下还有这般典雅、清秀、内敛的花朵，在瑰丽豪迈磅礴的花丛中，平静而优雅地绽放。凝神看时，它向内卷曲的深绿色花苞如田间地头的包心菜，待浅绿色的花瓣完全开放，绣球般的花形又似白玉温润娇贵，在隐约可见的豆绿色中静思默想，圆满而吉祥。

此刻，不知这世间少有，绝代佳人般可人的花，俘获过多少人的心，怕是心肠如铁的人，也会在它面前化作一泓忘情水。在高原，我最喜欢的是鳞叶龙胆的蓝，那是离天最近的太阳紫光，纯净天真的蓝色湖泊，孩子水晶般透明的眼睛，而菏泽牡丹生机益然的绿，绚烂优雅，温润如玉，多么像菏泽这片天然古泽之上，朴实厚道的种花人，抑或我身边热情好客的菏泽人。

每一片土地，每一座城市，都有与当地人自我生命相关的"境"，都是与山水草木共同拥有，无分别的圆满世界。身处菏泽，欣赏的是牡丹的美，感受的是人的感情，人与自然创造的迷人之境。不管走到哪里，只要你这颗仁慈的心有所发现，有所感悟，世界就永远是一个活泼的世界、微笑的世界，一个与自己的生命息息相关的有意义的世界。

中华民族最本真、最淳朴的烟火之气，是积善成德的大境界、大思想，人间向善向美的温暖。白居易道："绝代祇西子，众芳惟牡丹。"从繁华走出，从热烈走出，从艳丽走出的高逸情致，因美感而兴起，因思而心灵震荡，是生命的安顿，亘古不变的真实。愿菏泽牡丹，从喧闹走出的国色天香，"绝代佳人"似的细腻温婉、平和安宁，让更多的人在发现和体验中，感悟人间的真诚、善良与厚道。

精彩赏析

本文是一篇游记类散文，作者以牡丹为线索，讲述了作者在菏泽观赏牡丹时的所感所想。文章两条线索并进：明线讲述了"我"在菏泽牡丹园的见闻；写"我"对各式各样的牡丹的喜爱之情。暗线以"我"的情感为线索，情感真挚又跌宕起伏，先写对牡丹的"绿"的赞美，继而联想到境界，情感在一波三折中达到理性的升华。

北京二月兰

🌷 **心灵寄语**

> 二月兰像一条流淌的河流，蓝紫色小花呈现如梦似幻的景致，让人流连忘返。二月兰谦逊质朴、默默生长，有强韧的内在生命力，让人心生爱怜。

发现它的时候，它正躲在一棵白皮松身后悄悄开放。淡紫、清秀，衬着两片精巧的绿叶。一场雨后，再去看它时，竟变成了一条河。

我惊诧地站在这条紫色的小河前，不知所措，不知该怎么表达我的心情。我静静地站立，默默地凝视，才又发现，公园的小路旁、杏树下、土坡上、砖缝里都有它的影子。于是，我每天都去，每天都去欣赏它在晨曦、在黄昏中披着红霞的娇容。

这紫色的花把我迷住了，生怕它会在我不经意时突然消失，或是被人无端地采撷。我曾亲眼目睹一个高个男人，拿一把大铁锹生生挖走小区边公共区域内的几株鸢尾。于是，我整天来来回回走动，甚至不放过午后它在阳光下慵懒的模样，从不因为整天和它在一起感到虚度了时光，也从不因为它的默默无语感到寂寞。

小区就在公园边

以前，我隐约知道小区附近有个公园，但是，因为长期没有住在这里，从未去过。直到有一天，我穿上运动鞋、运动衣，打算豁出一上午的时间去寻觅这个公园时，居然发现，公园就在我的隔壁几百米的地方。

我不免大吃一惊，被这意外的幸福搞得晕头转向。我也自然地喜欢上了我居住的小区。

清早，孩子们去上学，年轻人步履匆匆地赶地铁、挤公交。老人们拉着小车去买菜、打水，也有停下来唠嗑、问好的。假如有新来的，问银行、问公交和地铁站，操着标准京腔的老北京还会止住脚步，仔仔细细、慢慢腾腾地跟他们说，一直到他们明白为止。

院子里大多是安静的，看似懒洋洋，无所事事，实则透着几分恬淡、几分安逸、几分平和。特别是我窗下，三棵不算茂盛却郁郁葱葱的柿子树，到了深秋还挂着红果的模样，让第一次来家做客的嫂子喜上眉梢，直夸这可太好了，太好了。住在这里，事事如意啊！

一切就这样，从头开始。慢慢的，悠悠的，缓缓的。没有厌倦，没有失意，没有过多的期待，只有一颗宁静的、无愧的、平常的心。

周围几个小区的人，都来这个公园，公园的名字很朴素，叫东小口森林公园，我认为它名副其实。在我的印象中，没有哪个公园像它这样大而无边，锦带、波斯菊、丁香、国槐、梧桐、木槿、海棠、桃树、梨树应有尽有；也没有哪个公园让晨练的、散步的、带孩子的人，轻松愉快地走在大自然的怀抱中；也没有哪个公园，可以让不知名的小花小草无拘无束，遍地开放。公园里没有雕琢的长廊，没有人工锻造的建筑，只有青白石块铺就的小路，在小小的、有些干枯的池塘边蜿蜒，无论走到哪儿，都会把你送回出发的地方。木椅上，也少有人坐，只有到了周末，才会看到带着孩子的年轻父母，手里握着水杯的年老夫妻，在椅子上休息。之前我竟以为这个公园是无人管理的，去得多了，才在稠密的树林里，鲜黄的连翘下，见到穿制服的大爷——一边想着心事，一边照看着洒水的喷头，在蓝天下映出一道道彩虹。

当然，也有热闹的时候。周末，池塘边的沙地上，有数不清的孩子，嬉笑、尖叫，打破公园的宁静，连平日里喋喋不休的鹩哥，也住了嘴，只顾东张西望地瞧着。

访遍群花又见它

我照旧是要去探花的，这是春天赐予我的礼物。一位老朋友说，香山的山桃花开了，山下还有好吃的梭边鱼。我便立即背起双肩包，转了三趟地铁，和他去了香山。那天，天色极好，透明而蓝。粉嫩的山桃花风姿卓立，袅袅婷婷地开在高高的山坡上，给沉闷了一冬的柏树林添了秀色。

有一天，我的一位老乡叫我进城来，说城里的玉兰开了。我又迅速穿戴好，刻不容缓地赶到，看到了花园里白色、紫色的玉兰。玉兰优雅高贵，在无绿叶的枝条上静静绽放，像雕塑家的杰作，又像天上的仙女，白得无忧无虑，紫得含蓄矜持。

又过了几日，北京工业大学的老友打来电话，邀我去宋庄，他说宋庄也有花。于是，我又忙不迭地去了。去宋庄，得坐很长的地铁。地铁上的人们大都低头看手机，仿佛世界上的精彩、家里的事、自己的事，全都搁在手机里。记得多年前来北京，公交车、地铁上都有人埋头学习，看书、看报纸。现在，人们依旧埋头如饥似渴地学习，但是，却显得过于冷清。

春风里百花开，色彩斑斓的花朵让我的心插上了翅膀。回来后，我又跑去公园看它，紫色的花朵安然无恙，随风低语，仍然像一条河，围绕着柏树、梨树、桃树、洋槐轻轻荡漾，慢慢飘香，越发馥郁，越发自如，越发烂漫。忍不住心中的欢喜，我拍照发到了朋友圈。

两天后，在北京生活了 30 年的发小晓丽，给我发来短信：你不知道吗？这就是二月兰，北京最普通的野花。

原来它叫二月兰！多美的名字，多美的花。我静下心来，暗自思忖，更爱我身边的东小口森林公园，还有河一样流淌的二月兰。雨后，沾着露水的二月兰开得更盛，我们小区满山满坡，都开遍了。

精彩 赏析

文章讲述了作者和二月兰的故事。"发现它的时候，它正躲在一棵白皮松身后悄悄开放"这一句交代了二月兰默默无闻的品性；"一场雨后，再去看它时，竟变成了一条河"，可见二月兰的繁殖速度之快，把二月兰比喻成一条河，表达了作者对二月兰的喜爱，也表达了作者对二月兰旺盛生命力的赞美。"这就是二月兰，北京最普通的野花"，作者心心念叨花，竟然不知道它叫什么名字，当得知它叫二月兰的时候，欣喜之情溢于言表，进一步反映出作者对二月兰的喜爱之情。

公园物语

> 每一滴水，每一棵树，每一朵花，每一株小草和每一块石头都是大自然赋予我们的。感悟它们那微弱而坚强美丽的精神，感悟它们生命的交替更换。用心感悟，你会发现大自然就在身边，一个小公园就是大自然。

窗外有三棵柿子树。到了秋天，柿子挂在树梢。我天天趴在阳台上看，怎么也看不够。

曙光中，滴着露水的树冠枝叶浓密，柿子像琥珀一样晶莹透明。正午时分，阳光强烈，绿叶露出倦怠之色，丰满的柿子沉甸甸的，像是快要掉下来了。傍晚的时候，夕阳渐落，余晖夺目，树梢上的柿子，自里向外透着耀眼的光泽。最后，是黄昏，一天中最深邃浪漫的时刻，柿子又像红灯笼，无声无息地照着路边的行人。天越来越冷，柿子缩小了一半，颜色也没有从前鲜亮，到了三九寒天，就不见了踪影，不知到哪里去了。

过了几天，碰到楼下的大爷，才知留在树梢上的柿子，让鸟儿吃了。难怪，每天黎明时分，太阳还未升起，许多不知名的鸟儿就已经在树梢上叽叽喳喳地叫了，再睡竟怎么也睡不着了。

　　走出小区，向西走二三百米，是北京昌平区东小口森林公园，里面没有明显的人工痕迹，只有一条通向另一个公园的柏油路，路两边尽是由着性子疯长的绿树和野花。树以白皮松、油松、侧柏、金银木、杨树、黄栌、美人梅居多，花以二月兰、鸢尾、玉簪、迎春、木槿、丁香为主。

　　当然，一年四季中最美的还是春天。各色花儿竞相怒放，无论走进哪一条小径，都有浓郁的花香和妖媚的花朵迎面扑来，躲也躲不掉。特别是丁香，不像是你和我常常看到的，一排排列队站着。这里的丁香是愿意长在哪里，就长在哪里的。往往是在一片缓坡，或者是在绿茸茸的草坪上，二三株、四五株地挨在一起，很亲密地独立成景，又很欢喜地装点着本来就已经很美了的春色，让闻到花香、看到花影的人，喝醉了似的走也走不动。有时，竟连路都迷了，绕了很长时间才回到大路上。

　　一边走，一边看，不知不觉地就进了另一个公园。像这样，公园里面又有一个公园的，我在其他地方还没有见过，所以，觉得很稀奇、很骄傲。若有朋友来访，便一定要请他们到公园里走走。即便时间仓促，到门口看一眼，发出一声惊叹，也觉得心满意足。

　　这时，麻雀蹲在枝上啼鸣，鸽子在噗噜噜盘旋，喜鹊则像一位早起晨练，或者有许多事要做的绅士，从容不迫，一刻不停地从这棵树飞到那棵树。

　　多年前，公园北面是一个叫北小营的村庄，除了散落的农家小院，就是一眼望不到边的麦田。出生在这里的作家苇岸，曾不止一次地描述过这里的麦田："麦子是土地上最优美、最典雅、最令人动情的庄稼。麦田整整齐齐摆在辽阔的大地上，仿佛一块块耀眼的黄金。麦田是五月最宝贵的财富，大地蓄积的精华。风吹麦田，麦田摇荡，麦浪把幸福送到外面的村庄。"

　　如今，村庄没了，苇岸已不在人世，一切都变得和从前不一样了。我在想，有多少人知道苇岸，又有多少人能够像学者林贤治、散文家冯秋子那样理解和热爱这位大地的儿子，并在来到他那旷阔、安静，由他细细抚摸过的世界时，沉痛地感受到一种丧失：中国失去了一位懂得劳动和爱情的善良公民，中国散文界失去了一位富于独创性的有力的作家。

　　土地仁厚而宽容，升起在蓝天与草木之间的许多往事、许多人，都成了永恒的记忆。好在这里还留下了这样一片森林，有参天巨树，有绚丽花草，有小鸟细语，我能感受到人们对它的喜爱，也能体会到人们对它的精心呵护，就像迁徙中疲惫的小鸟终于找到了栖息的归巢，怎么能不叫人万分珍惜。

　　清晨的太阳是明亮的，草坪因此镀上了一层金色。小路上没有人，蓝天、绿树、花草，让生动的大地敞开了胸怀。我仿佛置身于一个从未有人涉足过的世界，明澈、悠远、吉祥、安宁……

　　前面是一处坡地，随地势高低起伏的是一片又一片香气扑鼻、与公园相映成趣的月季。颜色深红，庄重文雅的是来自德国的黑美人；卷着红色花边，透出浓烈香气的名曰雨果，不知和大文豪雨果有无关联；黄中泛绿，盛开后转为豆绿，冰清玉洁的叫绿野；从日本传来，花朵圆润、香气浓郁的叫绯扇；来自法国，红中带粉、温婉柔美的叫仙境；花色紫红、芬芳浓郁的是莫海姆；贴地而生、耐得土壤贫瘠的是地被月季；瓣面鲜红、瓣背青白的却又干脆地被叫作"爱"；还有艳丽的北京红、深沉的黑旋风、淡淡的粉和平，可提取香料的科斯特……

　　这遍地的鲜花与土地亲密交融，天真和谐，不仅展示着天地之间的外在美，也蕴含着生生不息的内在美。它们看似娇羞、内敛、文弱，却有着桀骜不驯的性格，各有风姿，别具千秋地维护着万物的生存。

说实在的，如果不是这样一个园子，我恐怕无论如何也不会知道，世界上会有这么多、这么繁复的月季品种。看来，大地上的每一种花都自有其神秘的语言，都有不同的来历，就像人类，有着各自不同的命运、不同的人生，又都在自然里、社会里获得了生存的权利。

其实，自然界就是一个和谐的体系，借着理性的神奇与感性的热情交织而成的创造力，点化了呆板的物性，使之成为至善至美的自由丰盛的精神作用，也是万有价值的渊薮，纯善、纯美、洁净无瑕。

公园里的花总是美的。二月兰早已不见踪影，杏花、鸢尾、木槿、栀子花纷纷凋谢。但是，我并不惆怅。因为，夏天的花又热热闹闹地开起来了，就连本是秋天绽放的波斯菊，也露出了浅浅的微笑。

也许，这是京城再普通不过的一个公园。可是，在我心里它就像一个美轮美奂的百花园，华丽却不轻佻，富有却庄重温和，虽有秋天的感伤、冬天的寒冷，却能够让我和虫鸟一起，怀着和平之心，缀缀花的踪迹、树的伟岸，饱受人间沧海沉浮、悲欢离合、四季变换，最终领悟大自然芳菲翁勃之境。

精彩赏析

一个公园就是一个大自然。本文从窗前的柿子树写起，转到小区附近的森林公园，通过描写公园里的各色景物，如五彩斑斓的花朵、树上飞旋鸣叫的鸟儿、清晨时被镀上金色的草坪等，表现了生生不息的大自然之美。文中，作者还回顾了公园多年前的村庄和土地，感叹今昔，抒发了对土地的怜惜与热爱。人与花草一样，都是自然界中的一员，人与大自然中的一切共同感受着、体验着世界变迁，我们应该与大自然和谐相处。

穿过风雨的迁徙

❀ 心灵寄语

> 人的一生，是在不断前行的路上，走过四季风景，跨过岁月迁徙。其间有太多的心愿需要完成，有太多的责任需要承担，就像迁徙中的鸟儿，即使风雨兼程，泥泞满身，也不能停下脚步。

　　昨日，收到同学发来的视频，老家在俄罗斯的大雁、天鹅、野鸭，每年冬天都要不辞辛苦来到日本宫城县栗原市伊豆沼过冬。农民每年收割稻米时，会有意留些稻谷，给冬天来的雁、鹅、鸭吃，所以几十年来候鸟数量逐年上升，共有 30 万只候鸟，群落也越来越多……

　　仔细看时，晨曦中的鸟儿伴随日出，在太阳染过的伊豆沼起飞，约一分钟一批，一次几百上千只。大雁先飞，20 分钟后天鹅起飞，随后是野鸭，再是大雁、天鹅、野鸭……向空中发出清越的、富有生命力的声音。

　　我的家乡在青海湖东岸，每年春夏也可欣赏到来自东南亚的上万只候鸟，它们在水面上轻盈地舞蹈，在空中舒心地扇动羽翅，因为湖水中唯一的水生动物青海湖裸鲤吸引着它们，湖岸大面积的滩涂湿地令它们心生愉悦。同是青海人的老同学感慨，若青海湖的鱼越来越多，候鸟也会越来越多。当然，鸟没有多少想法，思维单纯，哪里有食就奔哪里而去，是一件很自然的事。可无论怎样，人类都无法确切地知道鸟的感受，哲学家深沉而聪明，生物学家谦逊而务实，而文学家只能发挥想象，让鸟的羽毛、鸟的低语、鸟的飞翔变得奇妙无比。

观察中，我发现鸟和人类很像，都用两条腿走路，大部分在白天活动。还有一些鸟，比如猫头鹰和海雀，拥有与人类相似的脸，特别是眼睛朝向前方的猫头鹰，和人一样靠双眼视力获得景深知觉。最令我着迷的是，许多鸟拥有情感生活，甚至比人类更加细腻、甜蜜、执着。来往迁徙于孟加拉湾和青海湖鸟岛的斑头雁，是青海湖流域常见的鸟，头部有两条棕黑色的斑纹，常在水边漫步。当迁徙季来临，斑头雁会排成长长的蛇阵或人字形，飞升至四五千米的高空，以每小时 60 至 80 千米的速度飞行，甚至越过世界第一高峰珠穆朗玛峰。斑头雁是长寿鸟，它们的配偶关系持久而永恒，一旦相爱终身相守；一旦丧偶，雄雁不再娶，雌雁不再嫁，成为余世孤雁。

清明前后，春雪消融，青海湖在北风中绽放，瓷器般华丽。我看到一个冰冻的池塘里，静卧在白雪中的一对黑雁正相依为命，等待春暖。第二天，一只黑雁被人打死，在它失去体温的躯体旁站着它的伴侣。一周后，我又路过此地，阴阳两隔的两只鸟依然在那里。我无法知道那只鸟，在它死去的伴侣身边还将陪伴多久，但是我深信维系这两只黑雁的纽带，应该就是感情。

于是，我对鸟类能够体验恐惧、愤怒、厌恶、惊讶、悲伤、喜悦，表达情感深信不疑。面对伴侣时，它们温柔体贴；遇到天敌时，它们愤怒尖叫。幼鸟受到伤害时，它们凄厉的声音断断续续，令人心惊，甚至胆寒，而我亲耳听到过的，大天鹅离世前夜咏叹般的婉转哀歌，几乎让人痛苦落泪。

在南美，陷入爱情的长尾蜂鸟和一只雄性红顶娇鹟，会一边舞蹈，一边炫耀，表达爱意和喜悦的方式轻松可爱，而每次交配仅仅10秒、一天超过100次的一对林岩鹨，和交配时间超过一个半小时的一对马岛鹦鹉情侣的感觉是否同样愉悦，却未可知。但可以肯定的是，绝大多数鸟和人类依赖同样的感官，视觉、听觉、嗅觉和触觉。不同的是，鸟的嗅觉和触觉远超人类，特别是视觉系统，可供鸟轻而易举地看到神奇的紫外光。

某天傍晚，黄昏临近。仿佛是得到了某种召唤，生活在欧洲北部沿海的一只信天翁突然感受到不断进食的欲望。一两周内，它便让自己变得圆润起来，丰满起来。然后，像是一种力量的驱使，使这只勇敢的信天翁竟和同伴一起不眠不休、日夜兼程地朝着一个方向飞行，数千公里后，到达另一个栖息之地。

好奇的我，一直对鸟情有独钟，无意中看到蒂姆·伯克黑德，他是英国谢菲尔德大学动物行为学和科学史的专业教授、英国皇家学会会员，他曾经和他的同事在英国充满野性的彭布罗克郡海岸斯科莫岛，用改装后的鱼竿，小心翼翼地抓住18只海鸦，给每只海鸦的两只腿分别套上一个金属环志，一个微型定位装置。之后，伯克黑德将海鸦放回空中，让它们冲向大海，与雌鸟相会。

12个月后，其中一只海鸦370天的旅行轨迹，魔法般出现在伯克黑德的电脑屏幕上。从7月繁殖季过去不久，这只海鸦启程向南飞往比斯开湾，几周后，又向北飞行1500公里到达苏格兰西北部，在那里度过了大半个冬天。然后，这只海鸦又回到比斯开湾，同样停留数周后，赶在繁殖季开始前返回了斯科莫岛。

这似乎不可思议，但毋庸置疑，这就是最新的追踪技术，如同定位装置、卫星追踪，能让人们清楚地了解到，跨越遥远的距离时鸟类的迁徙路线和行为。就像瑞典女作家塞尔玛·拉格洛夫笔下调皮的男孩尼尔斯骑着自家白鹅，跟随一群野鹅飞上天空，前往他梦中的拉普兰。

令人惊奇的是，20世纪60年代，生物学家史蒂夫·埃姆伦终于通过一种巧妙的装置"埃姆伦漏斗"，测试到了鸟类在迁徙兴奋到来之时体内拥有的程序。这东西来自鸟的基因，既神秘又可信，能让鸟在一定天数内，准确地判断觅食地或越冬地路线。

此项研究超出了人们对鸟类迁徙方向和强度的进一步认识，并由此证明，野生鸟类的方向感，是因为鸟类存在潜在的定向工具磁场。比如，日间迁徙使用的太阳方位定向和夜间迁徙使用的星空方位定向。接着，人们还发现，并非鸟类，就连饲养在家不知迁徙的鸡、鸽子、蝴蝶、蜜蜂和鱼类也具有磁感能力。这是因为，它们的眼睛，特别是鸟类眼睛周围、上喙鼻腔的神经末梢中，含有微小的四氧化三铁晶体，这种铁磁矿物让飞行中的野生动物具备了看到远方图景轮廓和边缘的能力，并产生相应的信号，从而触发磁感能力，探明磁场的方向、强度，以便穿过浩瀚无垠、无明显特征的海洋和大片复杂的陆地找到回家的路。

2006年夏天，蒂姆·伯克黑德和他的同事在斯科莫岛上，又给正在繁殖的大西洋鹱身上安装了定位装置。第二年春天的一个上午，蓝天晶莹夺目，风平浪静，他们顺利地回收了50年来积累的环志，印证了大西洋鹱多年来大致相同的迁徙路线。但是也获取了一些不同信息，大西洋鹱的越冬地发生了不断偏南的变化。不过，这个变化不是因为大西洋鹱的迁徙方向出现了偏差，而是因为阿根廷海岸附近和拉普拉塔河南部，混合了洋流的那片区域，有着更加丰富的鱼类。因此，和陆地上迁徙的鸟一样，大西洋鹱不辞辛苦来往迁徙、耗尽体力，无非是为了生存，无非是为了满足最简单的生存愿望。

其实，这一点同样与人类相似。不同的是，人类在逐渐脱离了有着纯正天性的童年时期，从古希腊泰勒斯、赫拉克利特、苏格拉底、恩培多克勒、毕达哥拉斯这样一批拒绝权力、金钱，只爱智慧的哲学家身上享受了一段精神的辉煌与荣耀之后，智慧与哲学的矛盾渐渐膨胀，已无法满足简单纯粹的生存愿望，变得越来越不了解自己，不信任自己，对世界和人生底蕴的认识越来越不清晰，以致贪婪、自私、虚伪、势利，越来越不愿意关注其他生物的感受，甚至他人的感受，使人与人之间难以交流，国与国之间难以共处，人类赖以生存的蓝色地球疲倦、衰老，危机四伏。

有一年秋天，从哈萨克斯坦向吉尔吉斯斯坦温暖地带迁徙的近千只大雁、天鹅、野鸭因为迷失方向，糊里糊涂地飞往冰天雪地的西伯利亚阔夫提亚一带，不幸全被冻死。经生物学家研究，不是因为天真烂漫的大雁、天鹅、野鸭失去了它们杰出的导航功能，而是因为大气层中的有害光线超标，让它们对光感的触觉降低，丢失了正常的磁性定向能力，偏离了方向。

那一刻，妄自尊大的人类对此毫不关心，也不愿体会这是出于自己的原因，招至野生鸟类对生存环境感到绝望的痛苦，只一味地满足自己各种奇怪的欲望，睁着眼睛，毫无恐惧地割下那唯一学会飞翔的哺乳动物——蝙蝠的头颅，谈笑间剥去蝙蝠的头皮，吮吸蝙蝠脑中的积液，以征服者的姿态吞噬着它们的肉体、骨血。其实，蝙蝠有什么错，即使它身上有 100 种病毒，也有它存在的理由，更何况昼伏夜出的它，为了不干扰人类的生活，已自觉地远离人类。

我还注意到，有一段时间，人们曾经担心海鸥吃光了大海里的鱼类，疯狂地消灭海鸥，其结果，出现了严重的海洋传染病；又有一段时间，人们曾因藏羚羊身上柔软精细的绒毛，能满足贵妇人的虚荣心，为获取高额利润，大肆捕杀藏羚羊几近灭绝。想想看，是谁让河流湖泊变得枯竭？是谁让布满绿荫的山岭变为荒丘？是谁让绿洲成为沙漠？又是谁让大自然几乎窒息？令人痛心疾首的是，澳大利亚山火持续肆虐，悉尼海滩"黑潮"翻滚，海洋中的鱼类受到影响；跨过红海、西区埃及，东至印度的 3000 亿只蝗虫正啃食着大量稻田……

大自然中并没有多余的东西，从高智生物人，到低智生物昆虫，都具有同等权利，所有生物相互链接，才能形成宏大的生物链，才能让地球生机盎然。我们无法选择这个世界，生与死无法相容。但自然选择的威力之大，容不得我们有任何逃避。一个是生，一个是死，都在被抛入新创生的天空中，或放声歌唱，或燃烧自己。

昨晚，窗外狂风大作。暗色中，"天"字宛如一个伸开手臂的大人。"人"字上面一横，仿佛人之头顶，所谓"天"也许就是人头顶以上的东西。翻开《说文解字》："天者，颠（巅）也""至高无上曰天"。古人说："获罪于天，无所祷也。"在不被人类粗暴干预的生态系统中，物种的数量无时无刻不处于复杂的自然调控之中，我们无法漠视应该与我们共享星球的动物。

栖息在青海湖流域的棕头鸥和鱼鸥飞行能力极强，这两种鸟个性不同，相互争食，很难相处。但有趣的是，它们却是一个有秩序、讲诚信、和睦相处、相互宽容的命运共同体。棕头鸥和鱼鸥虽然总是分别集群筑巢互不相扰，但是筑巢区之间却保留着一块不足一米宽的界限，作为公共空间供各筑巢区的棕头鸥和鱼鸥各自散步、休闲、交流、浪漫。一般情况下，谁也不会越界筑巢公共区域，谁也不会强占它巢，谁也不会侵犯对方的领地。然而，若遭遇天敌袭击，它们定会听从召唤，不约而同地飞向领空，赶走敌人。

第二天早晨，天气转好，杏花迎着春雪绽放，鸽子咕咕低语，仿佛奏着温柔的鼓声。不管我们如何忧伤，如何绝望，大地依旧微笑，潜伏着令所有鲜花盛开的琼浆玉液。

行行大雁划过天空，高原的山坡摇曳着藏红花。

我还想告诉生活在远方的老同学，为了避免相互影响的可能性，前一群鸟飞出视线之前，不放飞下一批，这就是飞往日本宫城县栗原市伊豆沼过冬的大雁、天鹅、野鸭会分批起飞的原因。

精彩 赏析

本文主要讲述了鸟儿迁徙的现象。"老家在俄罗斯的大雁、天鹅、野鸭，每年冬天都要不辞辛苦来到日本宫城县栗原市伊豆沼过冬"，可知大多数候鸟的迁徙路线都呈南北方向。"给每只海鸦的两只腿分别套上一个金属环志，一个微型定位装置"，介绍了人们通过给鸟戴环志的方法对候鸟迁徙进行观测。对候鸟来说，迁徙并不像人们想象的那样有趣。"糊里糊涂地飞往冰天雪地的西伯利亚阔夫提亚一带，不幸全被冻死"是因为人类行为破坏了大气层的纯净度，而每一种物种的减少和消失，都会对人类的生存和发展产生重要影响，此文表达了呼唤人类保护生态环境，爱护鸟类的强烈情感。可见它们在迁徙途中要遇到许多想象不到的困难。

明月雪莲

> 雪山是可可西里的象征。我曾亲眼目睹了你的容颜；我曾经书写了最深刻的赠言；我曾经站在山下仰望，雪白的雪莲、黑色的野牦牛和一眼望不到边的山川。

　　雪山是静止的。在可可西里巨大的空间里，雪山就是神祇，就是主人，它光芒四射，照耀着人迹罕至、黄草连天的大地，足以让飞翔在这片草原上的每一只金雕，高傲地鼓动起双翼，含笑苍天。

　　野牦牛是高莽之地繁衍、生存的勇士，在海拔 4600 米以上的青藏高原腹地可可西里，被人称作死亡地带的无人之地，无时无刻不显示着它的高贵与尊严。

　　雪线下，高山冷峻，神态肃穆，如巨浪起伏。强烈的阳光下，粗壮的野牦牛全身着黑，腹部两侧裙毛下垂，犹如雪山涧壑之冰川，虽剽悍强壮、威风凛凛，却又不失优雅。即使高而挺拔的肩峰和倔强的头颅，也难挡它舒展、狂放的身姿，其沉重与力量、奔跑与速度，使它尽显完美，凸现在高山大岭、山间盆地、高寒草原、高山草甸之上，是荒原之上一座座移动的雪山。它们仅以莎草、羊茅等莎草科植物为食。夏饮河水、冬饮白雪，奔腾在宽广的草原，抵达大部分野生有蹄类和家畜难以到达的高度。野牦牛生性凶猛，喜欢群居，多时几百头在一起，像整合的集体，相互照料，彼此宽慰。假如遇到雪豹或者更加强悍的动物，围绕在群体周围的每一只公牛都会毫不痛惜自己的生命，发起猛烈攻击，保护它们的母牛和小牛。

在群体移动的时候，它们一般会避免不必要的争斗。但是，数量极少的野牦牛会特别谨慎，尤其是交配期间，因为争夺配偶，在角斗中惨败，被逐出群体的独牛，性情更加暴烈、易怒。这种状态下，野牦牛像失恋的年轻人，敏感、多疑，难以琢磨。

20世纪80年代，父亲和当地蒙古人查干深入昆仑山东端前山一带，进行高原鸟类区系补点考察，遇到过一头极其凶悍，游离出野牛群的独牛。当时，父亲和查干都骑着马，一只巨大的公牛，突然从飘散着紫花针茅的花絮里冲了过来，还没等父亲回过神，瞪着铜铃般血红眼睛的公牛，便如脱弦之箭，打查干的马身飞速掠过。查干的马长嘶一声，连同查干、马鞍一起掀翻在地，狂奔而逃。被激怒的独牛，则像山洪暴发，低着头，弃下滚在草地上的查干，紧追而去。

和独牛遭遇的过程，是在瞬间发生的，查干因此瘸了一条腿，父亲好长一段时间惊魂不定。

同粗狂的野牦牛一样，具备强大的承受力、耐力与勇气，能与酷寒严霜、冰雪飓风抗衡，成为活跃在空气稀薄之雪缘，令寂寞之大地星汉灿烂、威武雄壮，且又柔美异常的雪域主人，是高山之巅的雪莲。

诗人古马生活在甘肃兰州，他和同是甘肃诗人的杨炀数次来青海，写了很多以青海为题的诗。其中，《幻象》是我最喜欢的。

积雪覆盖的岩石间
明月，幻化成蓬松而轻松的
天山雪莲

东一朵，西一朵
在清夜逡巡的雄性雪豹眼里
别有一朵，簌簌而动
像宽衣解带的女人

那热血窜动的豹子犹疑不前
在它身后
在它身后
投落雪地的树影
已然又斜又长，仿佛一条接人来去的小路

若是你来，你在何处
若是我去，我即通过豹的眼睛
看见你——

明月雪莲
赤裸着，走进我心里

在高原人心中，雪莲是圣洁、高贵的象征。它没有颜色，却比任何鲜艳夺目的花朵生动。在海拔5000米的高度，它如同一轮明月，悬挂在天上，绽放在平缓的山麓、潮湿的沙土间。

雪莲分布在世界各大洲，中国就有几百种，大多生长在新疆、青海、甘肃。青海雪莲与其他地方的雪莲有所不同，周身披着纤细的绒毛，形似海中漂浮的水母。

在贫瘠的高山峡谷，雪莲的柔软与砾石的粗糙，形成了强烈的反差，可彼此之间又相互温存、相互依恋。雪莲，兴许是世界上最清高冷峻的植物，只有站在高山之巅与积雪相伴、与风寒搏击，才会露出恬静的笑容。雪莲，还是一位草原的守望者。当江河奔涌，水草丰腴，它天使般的微笑，便是灿烂的太阳；当河水断流，草木枯萎，它的沉默与孤独，便是张着嘴唇的岩石，焦渴、无力。

雪莲含有多种生理活性成分，全草入药的有七种，天山雪莲、水母雪莲、喜马拉雅雪莲、昆仑雪莲、黑毛雪莲、丛生雪莲和棉头雪莲。散寒除湿、止痛、活血通经，以滋补、保健、增强抵抗力为主要功效，大多生长于青藏高原及毗邻地区，素有"雪山人参"之称。尤其在藏医藏药上，雪莲作为药物有悠久历史，藏医学文献《月王药珍》《四部医典》中都有记载。但是，它从不顾及。它只在乎天地幻象，生命的存在与价值。它有些抽象，但并不费解。它的每一种特殊表情都将预示未来。我们珍惜它，它是生命存在的极限。

它告诉我们，幻象是为人类死亡惨灭的秋天，保留下来的最后一枚果实。人类不想失败，就得像一根火柱，一粒春天的种子，不要让抒情与创造分离，不要让信念失去信仰。

精彩
——赏析——

　　本文采用了侧面描写的手法。标题是《明月雪莲》，但是作者开篇却用大量的篇幅介绍野牦牛，一方面是以环境描写引出所要描写的事物，另一方面是以野牦牛来衬托雪莲的特点，即"强大的承受力、耐力与勇气，能与酷寒严霜、冰雪飓风抗衡"。文中还引用古马的诗文，总结上文，引出下文，令读者掩卷沉思，回味无穷。

留给鸟儿吃

> 戈壁滩上的野枸杞是人们的希望，鸟儿是希望的传播者。我们只有不断关照这些鸟儿的生存，生活才会有滋有味有色彩。

夏天过去，秋天临近，有多少人会在意枸杞的花，会在乎枸杞的果，在高原干燥、寒冷、缺氧环境中的感受。

踏进柴达木盆地，车窗外是望不到尽头的戈壁沙丘。有几蓬骆驼草、黑刺、沙柳已很难得，如果再见到离公路百米远的野生枸杞林，那就是你的福气了。

一直很想知道，野生枸杞是什么时候，为了什么，在这贫瘠荒凉的土地上生了根，把这里当作了自己的家，抑或这里本来就是她的故乡。

枸杞花很小，开在四五月，色淡、味薄；没有群芳争艳中的娇媚，也无煌煌夺目之姿，只在荒凉、干燥的高原，静默独语，为戈壁沙丘萧瑟的春天增添一抹清新的颜色，为秋天红色的果实积蓄足够的能量。不管冬天的雪有多么残酷，不管秋天的风有多么狰狞，每当春风吹来，她总会挺起脊梁，开出紫色的碎花，就像进入柴达木的每一位拓荒者。

40年前，车过柴达木，当年的汽车兵，现在的著名军旅作家王宗仁，头顶毒日头，口干舌燥。在戈壁滩跑了一天的车，水壶里的水早就干了。

快到大柴旦了，车队的战友们都睁大眼睛，翘首期盼，盼望有奇迹发生。远处，出现了几株枸杞，这是王老师和战友们离开敦煌以来，遇到的唯一一点绿色，居然还有几枚红色的小果挂在枝头，馋得人直流口水。停下车。战友们围坐在枸杞旁，也不摘，也不吃，只是静静地坐在地上欣赏，谁也不敢打破宁静，擅自摘取。

这时，留着一脸大胡子的蒙古族老人照日格巴图，骑着骆驼站在王老师和他的战友面前。

他细细地打量着尘土遮面的兵娃子，直截了当地说："孩子们，你们一定是渴坏了吧！没关系，有你们喝的水！"说着就随手拿出一个小巧的铲子，在枸杞旁的沙地上挖起来。

很快，一个脸盆大小的坑就挖好了。"等着吧！一会儿神仙就会给你们端来一盆水！"他的话风趣幽默，战友们却蒙在鼓里。

但是，奇迹真的发生了，脸盆似的坑里，渗出了水，只是渗得很慢，很慢。又过了一会儿，沙土渐渐发潮，半小时后，坑里差不多聚了半碗水。水很清、很干净。老人说："再等等，会有更多的水让你们滋润喉咙。"

原来，这地下有泉，因常年不断渗水，才使这片戈壁滩不再干枯，才让这几棵枸杞扎下了根，开出了花，结出了果。水是戈壁的命，有水就能生草，就能开花，就能养活枸杞，救活一个路过沙漠的人。老人恳切地望着王老师和他的战友："这片戈壁滩上就剩下这几棵枸杞苗了，不容易啊！你们千万别摘，伤不得啊！"

一只灰褐色的鸟儿，尾巴一撅一撅地在鸣叫。王老师见了，问照日格巴图老人："鸟儿会吃掉这些红红的枸杞果吗？"老人说："会的，会的！戈壁滩上的鸟儿，生命脆弱，就让它们吃吧！再说，它们是天然的播种机，是戈壁滩春天的使者。"他神秘地笑笑："鸟儿啄果子时落下的种子，或者没有嚼烂便吞下的种子，会随着粪便排出来，遇到水，便会发芽，便会生长，这里的枸杞就是这样长大的。"

听了这个故事，战友们都不说话了。阳光猛烈，无一丝风吹过，强烈的紫外线灼烤下，那不甚鲜嫩的绿叶间露出的红枸杞，正一动不动地瞧着几个青藏线上的兵。谁不喜欢戈壁滩上的红枸杞，谁不珍惜戈壁滩上的枸杞树呢？谁种谁收，鸟儿撒下种子，就该让鸟儿享受果实。鸟儿吃过了，又会在这片茫茫戈壁滩上播种育籽。如此循环往复，生命才会延续，有如此无限而永恒的期待，这个世界才会这般美好。

那天，烈日炎炎。王老师和他的战友们，每一个人只从坑里舀了半杯水，聊以解渴、解乏、解饥，却没有一个人摘下一颗红枸杞。

留给鸟儿吧，鸟儿是戈壁滩的希望，春天的希望。

我与王宗仁老师曾一起去青海湖、格尔木、柴达木盆地，一起上昆仑山，在楚玛尔河边，在西大滩、五道梁讲故事，看野花、野草。他知道我在写青海高原的野花，特意打电话嘱咐我："你一定要把枸杞花写上，不要忘了提醒人们，留一些枸杞给鸟儿吃……"

精彩
—赏析——

　　本文语言朴实清丽，如涓涓细流缓缓流出。作者不仅描写了戈壁滩的荒凉的景象，也叙写了野生枸杞带给汽车兵的惊喜。"留给鸟儿吃"这句话一是委婉呼吁人们要关爱动植物，与大自然和谐相处；二是强调营造良好的生存环境，我们生活的世界才会越来越美好。本文篇幅不长，但承载的思想内涵却厚重而深远，令人无尽回味。

草　湖

> 　　碧波荡漾的湖水，好像一块美玉镶嵌在大地上，鱼儿在水里游来游去。这是辽阔草原上的草湖，它与草原相伴，它们在寂寞中惺惺相惜。

　　草湖扑入视野，像一朵莲花绽放。

　　木草萧萧，风吹额发，头顶的太阳在移动。

　　巴丹吉林的黄沙覆盖了昔日岁月，辛酸往事。

　　微蓝的湖水映着野花倒影。仲夏的湖水里花朵是粉色的，单瓣轻柔，开在绿色枝头。它们与草湖相伴，寂寞中惺惺相惜。

　　看惯了浩瀚无际的青海湖，眼前残存于稀疏芦苇中的草湖，被连绵20余里黄沙遮蔽的草湖，竟是这样寂寥无助、脆弱和哀伤。

　　不远处，明代用于守护草湖马场，瞭望西北虏寇来犯的烽火台在蓝天下昂首屹立。迎风站在土坯砌筑的古墩之上，草湖的千丘万壑尽在眼中。恍惚间，狼烟腾起，战马嘶鸣，又仿佛勇猛将士冲入沙场，以血肉之躯抵抗入侵者。刀戈、撕裂之声隐隐传来，血光中纵横着生死无常。

走下古墩，再睹汉大将李陵的墓冢，又多了几许沉甸甸的感慨。想当年，李陵奉汉室之命，率5000步兵对搏匈奴10万轻装骑兵，斩将夺旗，视死如归。后迫于卷土重来的10万匈奴大兵，投降保身，以伺机向国君报答恩德。但更多的人却痛恨他没有战死沙场苟且保命，胆小懦弱，给替他求情的太史公引来杀身之祸，终惨遭腐刑。但不论怎样，在这位悲情英雄的胸中，依旧沉淀着含辱负重、平定西北的壮志，依然深深寄托着对亲人、对生活的炽热感情，而这种交织着生与死、血与泪的情感在大漠孤烟、苍凉辽阔的黄河西岸，绝不是能用一腔哀愁和饮痛泣血的离情伤悲所能尽述的。巧的是此番与我同行嘉峪关的军旅作家朱秀海，也为李陵写过一首五绝：

沙漠三千战，惭降恨难言。空望秋日雁，又过长城南。

李陵长眠在草湖岸边，他也只能在这里将息。多少年过去了，墓碑前的蒿草随风摇曳。不可能有一个亲人为他落泪，也不可能有一个人为了他等候。这样一个为人所争议的灵魂，也只能在边塞大地悲哀萧条的风中四处游荡。

西汉至明代，草湖在河西走廊承载着作为酒泉郡抵御匈奴，稳定西北的重要使命，为战争提供大量粮草战马，是丝绸之路通向西域的第一个岔路口，更是阻止巴丹吉林沙漠向东迈进的天然屏障。那时，源于地下水的草湖有芦苇环绕，涌泉相助，是与苍儿湖、花城儿湖连为一体的300多平方公里的大湖。连天的沼泽、欢跃的羚羊野兔、肥美的牧草养育着来此屯田、垦荒、驻戍、通绎的人们，也是游牧者牧羊、狩猎、纵马驰骋的天然牧场。即使在20世纪60年代，草湖依旧是黄河以西面积最为广阔的一片绿洲。

可如今，草湖原来的绿野、喷泉、大湖、芦荡、冰草坡已不复存在，只有少量的芦苇、芨芨草和为数不多的怪柳环绕在湖岸。不过，大自然总是这样神奇，又是这般富有规律，因为草湖海拔比青海湖畔略低，草湖岸边的野花要比青海湖边的晶晶草、银露梅茁壮，而且离湖不远，还生长着几棵枝干粗壮的沙枣树。这可是青海海拔较低的谷地和平原上才能生长的树。沙枣花香气浓郁、甘甜，是西北人非常喜欢的味道，而且喇叭形的黄色娇小花瓣也为西北干燥的土地增添了颇为细腻、精致的柔美风情。来自南方的朋友因为没有看到沙枣树而感到遗憾，到了敦煌后才如愿以偿地见到了。但是生活在南国的他，又怎能体会这平凡素朴的树种在西北人心中的分量呢。

自然的变化有时候残酷得令人无法想象。草湖让我想起与青海湖仅祁连山一山之隔的青土湖。很早以前，青土湖是甘肃省民勤县一个1600多平方公里、60米水深的洋洋大湖，秦汉时还是全国11个大湖之一，直至明清之际尚有10万亩水域，是留守在民勤县北部、防御沙漠的一片绿洲。但是，20世纪中叶，周边所有注入河水断流，青土湖只剩下100多平方公里。更可怕的是，到了20世纪70年代，青土湖竟然在巴丹吉林和腾格里两大沙漠的夹击下彻底干涸，变成了狂风四起，黄沙飞扬的混沌世界。从此，沙进人退，全县20万人含泪搬迁，流离失所。

这会儿，站在草湖岸边，体味着阳光洒在湖面上的感觉，内心是惆怅的。风过处，微波涟漪，生动怡人，干燥的湖岸掠过一丝丝凉意。人是多么渴望绿色的生命。当绿树新鲜的肉体，出现在河西干枯、贫瘠的大地上，酒泉、嘉峪关、玉门、瓜州、敦煌这些重镇，才能穿越时空，才能迎接往来商贾，连接起丝绸之路的纽带，架起沟通东西方文明的桥梁。

自然的美是无限的。人感受到的美却是有限的。草湖的美，草湖之岸的野草、小花和芦苇，草湖拥有的历史与沧桑，是后来人不可能完全感知的。有时候，会觉得人类生存与进步的过程，其实就是一步步接近死亡的过程。这是多么凄惨的解释，然而又往往浸透着刻骨的真实。

驻足草湖之岸遥望祁连山的积雪，发现只有它仍在孜孜不倦地流进河西走廊静谧的温床，让嘉峪关狭窄的通道因为雪水滋生出绵延不断的讨赖河，维系着人的生命。为了调节这里的气候，改善环境，嘉峪关政府开发的人工湖、种植的万余亩柽柳、3 万亩防沙治沙的植被正发挥着巨大作用。走在绿树成荫的绿色大道上，又有谁不会为绿树的恩惠感到欣慰。更何况祁连山的冰川巍峨壮丽，像一面镜子照着人的内心。这就是自然，不容忽视的大自然。不光是一片湖、一片树叶。生活在世界上的万物，都有相同的归宿。一片落叶关系着生物界的循环，一片湖水的消亡讲述着生死轮回的真谛。

走在巴丹吉林沙漠边缘，强劲的风让皮肤粗糙，长发坚硬，睁不开眼睛。但心却变得异常柔软、异常缠绵。那是因为对草湖未来的担忧，还是对草湖生存的意义、尊严以及人类命运的困惑呢？人类脚下的土地属于所有生灵，人类没有任何暴殄天物、肆意掠夺的权利。要竭尽全力阻止人类像着了魔一般的贸然行为，要尽可能谦虚，以珍爱的心情呵护自然界中的一草一木。

当地人说，新城观蒲村一带草湖的边缘，有两条沟壑，一条因过去长满了蒲草，曰蒲草沟；一条因常有鹳鸟栖息，称鹳沟，这当然是从前的情景。如今蒲草没了，鹳鸟也不再出没。可是，既然这两条沟壑还在，草湖还在，人们心中的眷恋之情和由于蒲草和鹳鸟命名的记忆还在，鹳鸟就会归来，就会重新在迷人的蒲草间觅食，在优雅的湖面欢唱。而这些美妙的生命所象征的大千世界，也一定会和许多人的心连在一起，成为优美的风景。

精彩
—**赏**析——

　　文章看似写景，实际是以物喻人。作者开篇描写了草湖的美丽景色，通过回顾历史，古今对比，表达了自己对现在草湖生态破坏的痛心。文章结尾"可是，既然这两条沟壑还在，草湖还在"，这句话一是呼吁人们要爱护环境，不要肆意破坏环境；二是表达了希望以前的美丽景色能重现的愿望。如此结尾，既升华了主题，又照应了文章中心。

1. 阅读《北京二月兰》，回答下列问题。（11分）

（1）"一场雨后，再去看它时，竟变成了一条河。"这句话在文中有什么作用？（4分）

_____

_____

（2）结合全文，概括二月兰的主要特征。（3分）

_____

_____

（3）作者在第二节里为什么写去看山桃花、玉兰等群花？（4分）

_____

_____

2. 阅读《明月雪莲》，回答下列问题。（11分）

（1）文章写的是雪莲，开篇为什么花很多笔墨写野牦牛？（3分）

_____

_____

（2）作者为什么以"明月雪莲"为文章标题？（4分）

_____

_____

_____

（3）"当江河奔涌，水草丰腴，它天使般的微笑，便是灿烂的太阳；当河水断流，草木枯萎，它的沉默与孤独，便是张着嘴唇的岩石，焦渴、无力。"请从修辞手法的角度赏析这个句子。（4分）

_____

_____

_____

3. 写作训练。（60分）

春花让春天生机勃勃，夏花让夏天绚丽光彩，秋花让秋天另添风韵，冬花让冬天不再寂寥。四季更替，不同的花点缀了每一个春夏秋冬。在你心中，你最喜欢哪一种花呢？为什么？

请以"花"为主题，写一篇作文。选准角度，题目自拟，不少于800字。

红花绿绒蒿

🌸 心灵寄语

> 炎炎夏日，许多花儿都低下了高傲的头颅，而在遥远的世界屋脊——青藏高原，有一种花却迎来了它的花季。它就是一种生长在高原、雪山极寒之处的花，被称作"离天空最近的花朵"——绿绒蒿。

白天过后，我常常幻想夜里花的模样，会不会因为没有了阳光而进入睡眠状态。我知道有很多花依赖白昼的阳光，比如太阳花、牵牛花、蒲公英，如果没有光照，或者光线过暗，花朵就会闭合。但是，红花绿绒蒿不属于夜半休眠的花，她颈部的绒毛会分泌出油脂汁液吸附空气中的悬浮颗粒，帮她解决一些预料不到的问题。可无论怎样，每当黎明到来，太阳再次升起，红花绿绒蒿依旧阳光般明艳，表现着她独一无二的美。

正是初夏，隆务河畔麦浪滚滚，家家户户院墙上探出了枝头，结满了酸梨。走进保安古城，古老的烽火台巍然耸立，整齐的巷道院落悄无声息。细雨中，走过一段残存的明代古城墙遗址，慢慢爬上一面山坡，我的心在绿丛中得以沉静。山坡上纯白的曼陀罗正在怒放，草棵子里布满了柔软湿润的地皮菜。几个七八岁的男孩，撅着屁股，蹲在一个遮风避雨的地方，烧土灰蹦豆子。对面，是明清时期屯兵守土的铁城山，利刃鬼斧削过般坚韧硬朗。

沿隆务河向南行，黄南州泽库县境内的麦秀林场石崖嶙峋，群峰叠嶂，高山地貌冷峻逼人。林场内原始乔木、灌木、草本植物高低错落，青海云杉、紫果云杉、白桦、山杨、祁连圆柏依山伫立。受海拔高度、自然条件影响，麦秀林场的植被以温带起源的中生或喜温植物为主，又因生态环境复杂，植被分异强烈，既有河谷草地，又有寒温性森林和高寒灌丛，植物各类大部分是青藏高原隆起后的遗留物种，保持着完整的原始状态。

雨过天晴，草地清凉，空气里弥漫着草香、花香。雪莲、贝母、大黄、松香、冬虫草、藿香、紫花地丁隐秘于高山草甸、层层灌木。茂盛的披碱草、蒿草中偶尔露出几棵兰草的倩影。林场低洼处，隆务河干流麦秀河，婉转低回，若隐若现，令石山葱郁、草地芬芳，野生动物苏门羚、雪鸡、鹿、猞猁、黄羊、灰鹤、蓝马鸡、岩羊或雀跃或漫步于古老的山林间。

几只娇小的山雀低空飞翔。一只好奇的旱獭从山上跑下来，双手作揖，驻足而立，孩子般天真。它凝视的远方，山峰俏丽，云蒸霞蔚，百里香杜鹃、头花杜鹃瀑布般顺山坡倾泻而下。

我静静地坐在小河边，看着河水清澈细微的波纹，听着山谷间啄木鸟响亮的叩击声，感觉自己与酥油花、珊瑚花，与大黄、贝母、达乌里龙胆一起融入了这个世界，不再感到孤单。沉醉中，一朵娇艳的花，在绿色的草丛间格外动人。走近了，才发现是我一直心心念念，渴望见到的红花绿绒蒿。

我的眼里突然热乎乎的，心头涌起了纯洁的感情。不久前，我在大板山东麓的石坡地，见到了葵花般丰腴的全缘叶绿绒蒿。也曾于几年前，听朋友讲过他前往甘肃甘南迭部扎尕那，见到红花绿绒蒿的经历。那是 80 多年前，美籍奥地利探险家、人类学家、植物学家约瑟夫·洛克步行到过的神奇之地。城内有一座藏族村寨，村寨四周有高耸的山峰，幽深的峡谷。因地势落差悬殊，高山野生植物密集。每当春夏，报春、百合、鸢尾、马先蒿陆续在草甸、流石滩、灌丛间开放，全缘绿绒蒿、红花绿绒蒿、多刺绿绒蒿、川西绿绒蒿一片又一片。

洛克由此感叹："我平生从未见过如此绚丽的美丽景色，如果《创世纪》的作者看到迭部的美景，就会把亚当和夏娃的诞生地放在这里。"

这些色彩浓郁，同为罂粟科的青藏高原旗舰级珍稀植物美艳绝伦，是不可多得的国家二级重点保护野生植物，更是大自然赠予青藏高原的至尊礼物。它们生长在海拔 4000 米以上粗粝的山坡石缝、流石滩地，靠自身肥厚的主根，尖刺的叶柄，颈部黄褐色的绒毛，顽强生存。金色、红色，绿色、蓝色，暗红到暗紫黑色的花瓣，与各自不同颜色的花药强烈对比，像一轮月亮照亮了高寒缺氧的苍莽大地。

此刻，这朵看似柔弱，花丝条形，花药长而圆润的红花绿绒蒿，从密集的野草中自莲座叶丛中生出，聚拢在金黄色绒毛的颈上，毫无忌惮地接受着我惊叹的目光。随着日光慢慢偏斜，她越来越美，越来越娇羞迷人。丝绸般的红色花瓣，吸收了白昼热量，聚集起渐渐沉寂的微光之后，调整心态，迎接黑夜的到来。

这或许就是宇宙的真相吧！一切有情和无情，都是生命，都需要彼此尊重。而如此浅显的道理，却不是每个人能够意识到，能够明白的。更何况，我不相信，这珍贵的野生花卉会没有感情。美感总是起于形象的直觉，在这样的生存环境里，红花绿绒蒿属物却不完全属于物，美之中，早已有了人情的知觉。

红花绿绒蒿一生只开一次花，最惊艳、最妩媚的时候，也是韶华尽逝的时光。结果后的红花绿绒蒿，会用尽力气让无数珍珠般的种子快速成熟。随后，在无法抵挡的衰竭与枯萎中很快失去生命，任由带着它体温的种子落在冬季漫长、风雪弥漫的高原，或由知情者采撷，为人类解除高热、湿热水肿、肺部炎症、肝硬化带来的痛苦。而等待复活，再次开花的过程，竟需要六年时光。

这个世界上，一切皆有可能，唯有死亡是注定的。对于一朵吐尽芳华，把美丽、仁慈、幸福奉献给人类、奉献给大地，安然离去的花，已无需在乎生命的长短，生时得到过他人的重视。这悲壮的生命绝唱，又何尝不是我们人类拥有的最高境界。

精彩
—**赏**析——

文章开篇由太阳花、牵牛花、蒲公英等晚上就会闭合的花引出红花绿绒蒿这种整天都盛开着的花朵。文中还多处运用比喻的修辞手法来刻画红花绿绒蒿，如"见到了葵花般丰腴的全缘叶绿绒蒿""金色、红色、绿色、蓝色、暗红到暗紫黑色的花瓣，与各自不同颜色的花药强烈对比，像一轮"明月"照亮了高寒缺氧的苍莽大地。"反映出这种花朵的美丽。文章最后写到红花绿绒蒿一生只开一次花，它把一生最美的时候都奉献出来，可见这种花的高尚，也反映出作者对它的高度赞赏。

跟着黄河走

🌸 心灵寄语

　　黄河，中华文明的母亲河，从青海省巴颜喀拉山一条名叫卡日曲的小河发源，流经高原、平原、峡谷，形成了大大小小的河曲，最终在东营以平静的姿态与大海相拥。

　　东营离我很远，知道那个地方，是因为和我血脉相连的黄河。这条大河如雷贯耳，源自青海省玉树藏族自治州，巴颜喀拉山下一片湿润奇崛的土地，一条藏语意为"红铜色"的高山河流卡日曲。

　　卡日曲很安静，终年沉默，匍匐在深绿色的草地上，任千年万年的雪水，沿巴颜喀拉山北麓，带着自己纯洁无瑕、蓄满阳光的体温，缓缓东流，东流。她从来不曾想过，自己干净的身躯，会在厚重宽广的青藏高原汇聚起科曲、达日河、切木曲、巴曲、曲什安河、芒拉河、隆务河……数不清的雪山涌泉、涓涓细流，经曲麻莱、玛多、达日、甘德、久治、尖扎、民和，自寺沟峡从容穿过，再同湟水、洮河、大夏河几条重要的支流于山谷间亲密团聚，回首一望之后，或蜿蜒缠绵，或劈山穿凿，或毫不畏惧地冲出青海，成为这个世界上，永远不可被藐视的中国第二大河流。

多少年过去了，生活在草原上的牧民，并不在意身边偶尔穿过的一条小溪或者几条纤细微弱的小河。他们根本无需了解卡日曲是从哪里来的，又要到哪儿去。他们依恋的仅仅是雪山顶上那一抹永不褪色的朝霞，黄昏中那闪烁着粼粼波光的河水的倩影。

影子在慢慢移动，女人们忙着打酥油、挤奶、抹牛粪。男人们则走得很远，很远。放羊，放牛，唱拉伊，想念着昨晚的温情。

记忆中，伴随黄河一起生长的，是落在浑黄圣城、褐色山坡上每一座金碧辉煌的宫殿，和每一处藏蓝的天空下自由伸展的小城和街道，希望也仅仅是盛开在每一条河谷的黄色菜花、青色豌豆，四季丰饶有别的翠湖上振翅飞翔的斑头雁……

也许，这才是一种实实在在的抚摸，让温柔的手从粗糙的胸膛上滑过，紧贴心脏，体会呼吸和脉搏；再从湿润的河床、幽香的草叶、不知疲倦的鼾声中，感受她的存在、她的价值、她不竭的生命力。

多年后，当我经历过许多平凡的日子，终于到达黄河入海口东营——一座美丽、富饶、明亮的城市，我依然无法摆脱对黄河沉重的思念。我意识到，我的心和黄河贴得更紧。

那是来到东营的第一个夜晚，不知为何彻夜难眠。在没有声响的夜晚、没有灯光的夜晚，我一直在想象中华民族的母亲河，在经历了那么多的辉煌、苦难后，又会以怎样的姿态和心情，投入大海的怀抱。

清晨，渤海湾上空清风凛冽，带着一丝伤感。没有味道的朝阳，如白色屏障覆盖在年轻的平原上。遮住阳光的云层深厚，无从琢磨，却抑制不了我一睹黄河投入大海怀抱的渴望。

吃过午饭，在海边等到了一艘驶来的汽船，和同来的朋友们小心翼翼踏上甲板，站在船头。

然而，大海苍茫，天海一色。朦胧的空隙间，偶尔透出的几许淡漠之色，仿佛高原荒凉的戈壁、无尽的沙丘，竟没有呈现出一点点黄河进入大海的轨迹。

船在行驶，三两只黑白相间的海鸥鸣叫着，从海上匆匆掠过。可是，船为何要调头返回，不是还没有看到黄河入海时的壮观景象？我和朋友彩峰，着急地四下张望，不顾劝阻下到右边的船舷，再跨到护航的小艇上，向船工询问。

身体结实的船工，露出一排整齐的牙齿轻轻地笑了。

"哪能那么容易看见黄河入海时的模样？往前看吧，不远处就是一道拦门沙，那就是黄河入海的地方。"我凝神注视，黄河往下流，海水往上涌，黄河带来的泥沙沉积在河口，变成了新生的土地，而黄河，这条举世瞩目的河流，早已经和大海融为一体。

顺着船工所指的方向望去。烟波浩瀚，水天相连，迷蒙的世界里，银灰色的大海在汽船深沉如低音和弦的伴奏下，浩浩荡荡、无声无息。

我看不见黄河与大海的界线，听不到黄河与大海奏出的不同音调，甚至看不到丝毫有区别的颜色，更无幻想中波澜壮阔的起伏、喧嚣、呐喊，只有运足气力，以不可磨灭之憧憬、热情，拥抱着大海的黄河，在黑夜与白日、夏天与冬天，从西方到东方，从高原到平原不停地流转，流转……

我的心慢慢沉静下来，甚至为我曾经有过的欲望羞愧。

即使是一个有心的人，也不能肯定，自己是否具备足够的品格、智慧、能力参悟这独有的韵致。

汽船停泊在一座木桥旁。木桥下，水在轻轻流动，不知是海还是河。下了船，在潮湿的土地上奔跑，把自己微弱的足迹留在了这片新鲜的土地上。一位捕鱼的妇人告诉我，这是黄河入海的第一座浮桥。当然，也是与黄河有关的最后一座桥，她和她的丈夫在这里捕鱼为生，度过了 30 多个年头。

同行的王宗仁老师不由激动起来。

我自然深知其中原因，心下一动。

他定是想起了几年前，想起了我们曾经一起在奇崛神秘之地可可西里见到的昆仑桥。

那是一座离天最近的黄河第一桥，在苍苍莽莽、海拔近 5000 米的高地。而如今，我们又一起站在了黄河的最后一座桥上，怎么能不心生感喟？

深秋的傍晚，渤海湾的风变得愈加清凉，数不清的井架、洁白的棉花地渐渐掩映在黑幕中。这里的路又宽敞又干净，这里的楼房又漂亮又整齐。这里的野兔子会突然出现在人们的视野里，在车灯照射下一路狂奔，不知哪儿是尽头，哪儿是家。

新生的土地，肥沃秀美，走在大路上，心里是踏实的。

想起黄河源，冰峰雪覆，万里无垠，心里是颤抖的。

巧的是，我竟然在东营撞见了一位在青海玉树工作了 12 年的何先生。那一刻，我的目光与他眼里的泪水突然交织在一起。我情不自禁地从桌子对面走出来，和急急奔过来的他握紧了手，像是一只来自巴颜喀拉山的飞鸟，意外地发现了歇脚之地。

当然，见到我的刹那，他并没有因为我们之间的陌生，忽略了对高原的情感。他的声音在发抖，他的眼睛里无法掩饰地流露出真实、自然的光芒。我明白，那是玉树草原的寒风、热曲河畔强烈的紫外线留在他身上的印记。

在东营逗留的日子很短，很短，也没有见到来之前曾日思夜想的黄河奔腾入海时的磅礴气势，波澜壮阔。但，就因为她平静，就因为她端庄、从容的模样，才让我真正懂得了她。

美，总是这样，在不经意间发生。仿佛一朵不知情的小花，一条不知远方有多远的小溪……

离开东营的早晨，天放晴，太阳冉冉升起。一片又一片火红的赤碱蓬、一簇又一簇将要飞出银花的芦苇，在阳光下闪烁，在相互的温暖与爱恋中延续着黄河的生命。

原来，黄河入海口的日出这般耀眼，这般夺目，含着甜甜的微风，衔着温存的气息，送别我，让我在幸福中回到青海，回到巴颜喀拉山下——黄河的故乡。

精彩赏析

本文标题为"跟着黄河走"，作者将巴颜喀拉山和东营这两个距离遥远的所在相连，跨越千万里，带领读者从黄河发源地一路来到黄河入海口。先介绍黄河发源地青海省的原生态风景和草原人平静自然的放牧生活。接着镜头一转，作者来到东营，带着激动的心情坐上汽船去观看黄河入海口。黄河入海口水天相接，东营这座城市干净漂亮，黄河源头与终点都是一派平和而富足的景象。更巧妙的是，作者在这里遇到了曾在青海工作多年的老朋友，又一次将两个遥远的地方联系起来，读者也仿佛跟着作者的思绪，在刹那间跨越千万里，走完了黄河所走过的旅程。

美妙的生命

> 藏羚羊，是生活在可可西里这片神秘土地上的珍贵生灵，保护藏羚羊就是在保护这片土地特有的生态环境和自然景观。

4月的可可西里，于清冷的风中，开始了植物群落新生命的又一次轮回。成群结队，身怀六甲的雌藏羚携带幼羚，正沿着千年万年踏出的茫茫古道，前往可可西里腹地卓乃湖产仔育幼。

这是神奇的、充满艰辛的生命通道。至今，藏羚羊的研究者也无法用科学、缜密的理论解释这一现象。

好在，这是藏羚羊自己的事，并不渴望人类的解读。

可可西里荒无人烟。严酷的自然环境下，暗藏着勃勃生机。野牦牛、藏羚羊、藏野驴、棕熊、藏原羚、高原鼠兔以顽强的生命力，保持着这片土地纯粹、完整、原始的生态系统，赋予了这片土地富有活力的野性美。

2017年，波兰当地时间7月7日15点16分，中国"青海可可西里"在41届世界遗产委员会大会上通过审议，被列入《世界遗产名录》，成为我国面积最大的世界自然遗产地。自此，可可西里，这片蒙古语意为"青色的山梁"、藏语意为"美丽的少女"的广袤大地便被赋予了一种具有独特生态和荒野品格的审美价值,上升为国家保护的层面,受到法律法规的严格保护。

前方,便是诱人的卓乃湖。那软缎似的,刚刚融化的蓝色湖水,紫光闪耀,呼唤着来自青海三江源、西藏羌塘和新疆阿尔金山地区繁殖育幼的雌藏羚。

匍匐水柏枝已经盛开。唐古特微孔草、雪灵芝、青海翠雀花、点地梅就要露出新芽。它们在此生存了上万年,它们或秀丽或沧桑的面容,代表着可可西里200多种野生植物的命运。它们伸展四肢,不得不匍匐在地,是为了吸纳地心甘霖,储存能量;它们昂头向上,精神矍铄,是为了于短促盛夏,完成生长、开花、结果、孕育新生命的过程。

荒野是候鸟和留鸟的最佳庇护所。如密西西比海岸荒野海边的灌木丛,让迁徙中的热带鸟,穿越开阔水域到达中美洲、南美洲;如阿拉斯加州阿留申群岛的荒野,1000多万个海鸟巢,为全球一半的帝雁提供了越冬地。可可西里也同样如此,是大型食草动物野牦牛、藏野驴、藏羚与杂食动物棕熊、食肉动物狼和狐重要的避难所。

人类文明越是发展,越能够深刻地感受到自然事物的可贵。它们蕴含的价值是城市文明无法给予的;它们天然的野性,是人类贴近真实、亲近自然的途径。

特别是可可西里。当20世纪八九十年代,盗猎者唯利是图的残忍暴行使藏羚面临生存危机,濒临灭绝。为保存藏羚完整的生命周期栖息地,雌藏羚长途迁徙、聚集产崽的路线不受人类干扰破坏,可可西里管理局的巡山队员们,将生死置之度外,付出了常人难以想象的惨重代价。

他们的故乡在三江源头,他们的情与爱在可可西里。他们在平均海拔4600米,4.5万平方公里的荒野上苦苦支撑,练就了岩石般坚强的意志、大海般宽广的胸怀。他们用自己的行动，引领人类将道德关怀扩展到动物界，将目光转向大自然，也必将推进人类求得万物平等，与自然和谐相处，让每一种生命拥有生存权利的文明进程。

迁徙的路，遥远、神秘，犹如魔道。

藏羚清澈的眼眸眺望着远方。

朝阳，映红了布喀达坂山峰的皑皑白雪。卓乃湖畔年复一年积聚热量的产房，尚留有一丝温暖的气息。高寒生态系统与高原湿地生态系统相互交织的这片热土，是祖先传下来的产崽之地、藏羚记忆中的天堂。

我的父亲曾告诉我：动物的迁徙是生物学界的老话题。藏羚、凤蝶、飞蝗、大雁、驯鹿、北美野牛的迁徙，都是具有代表性的研究课题。几千年来，藏羚群在海拔5000米的阿鲁盆地和可可西里荒原上自由往来。迁徙路线的两边，大多是海拔6000米以上，永远被冰雪覆盖的高山群峰，而散居于昆仑山下和阿尔金山一带待产的雌性藏羚，身体沉重，为保护胎儿免遭天敌侵害，必须小心谨慎，组成团队，沿着记忆中的路线，前往可可西里腹地卓乃湖、太阳湖，完成生命中一年一度的生育。

此时，卓乃湖、太阳湖相对一年其他季节较为干燥，风沙较少。平均最低气温5.3摄氏度，最高可达摄氏10~20度，全年降水也几乎集中在这个季节。湖泊虽为咸水，但入水河流却是含有盐碱物质及多种微量元素的淡水。茂密的苔草类、蒿草类及良好的禾本科植物，红景天、高山大黄、凤毛菊、绿绒蒿这些极具药用性质的植物群落，又为雌藏羚提供了繁殖期间必需的营养。

与此同时，父亲还惊讶地发现，湖周围，细腻的胶泥表土，干结成了一个个瓦片状的凹形蝶盘。雌藏羚产仔前后，常卧在上面，挤压出的奶水，不会渗漏，成了许多水鸟争食的美食；而水鸟的粪便富含氮磷钙，又成了母羊和出生不久的幼崽喜欢舔食的食物。

如此流畅，如此优美的生存之道、食物链，像花瓣一样张开在荒野上。像月亮的银辉，像风和黎明，雕塑出可可西里，奇谲的荒野景观，而庞大的山脉、险峻的冰川、艳丽的湖泊群、河流湿地，则记载着地球演变的历史和生命进化过程的精髓。

这就是藏羚羊，这个美妙的生命在可可西里这片荒野，走入生命之美的一段历程。

精彩赏析

藏羚羊是中国特有的物种，曾因其皮毛珍贵而被大肆盗猎，造成数量急剧下降，濒临灭绝。在多年的努力下，随着政府的保护力度加大，偷猎者的减少和生态环境的改善，藏羚羊的数量得到很大的增长。藏羚羊的主要栖息地可可西里，成为国家级的自然保护区，也因为这种珍稀的动物而成为人们心中一片神奇的土地。本文为读者所呈现的，就是可可西里自然保护区独特的生态美，作者详细介绍了这里苍凉的高原风光和种类丰富的动植物。最主要的是，藏羚羊迁徙、产崽的习性与当地的自然条件密不可分。而可可西里美丽的风景和独特的生态系统，在作者感叹大自然的神奇的同时，更使人流连忘返。

三月的巴塘

在追求经济发展、物质富足的同时，我们不应忘记我们脚下的土地，以及曾经在这片土地上诗意栖居的生活。

玉树巴塘草原上的人，抬头就能看见雪山。雪山并不险峻，但实际上，海拔超过了 5000 米。

桑周丈人的家，需要绕过一条不太宽的河沟。若是夏季，这条河沟必是充盈得像面镜子。但是，冰雪未消的早春，草还没有泛绿，河沟是干枯的，这就更加让人想念巴塘草原的夏季。

爬上一面缓坡，房子依势而建。登上台阶走进正门前要经过一个很大的院子，院子空旷，或许有东西，但引不起人们太多的注意。因为一只像极了赤古的巨大的藏獒，正勇猛地狂吠着冲向我们。

在此之前，我在桑周的家里、洛桑的大宅院里都见过藏獒，有几只是长毛的后代，有几只是牛腿、玉树一号的后代。勒巴沟的赤古、文成公主庙附近的脑古努努，还有洛桑家里的长毛都待在家里。珠玛家里的牛腿，一只非常漂亮、像牛一样健壮的藏獒，离开玉树去了遥远的内地，等待它的将是不可知的命运。

桑周丈人家的客厅，整洁、温暖；而桑周的家里几乎连小孩子睡觉的地方都没有，完全是藏獒的天下。桑周丈人家的客厅正中央是三个联体的大火炉，依次安顿着大锅、小锅和茶壶，壶里炖的奶茶是自家牦牛产的奶，正冒着热气。

桑周的岳丈和岳母健康结实，他的小姨子，未出嫁的姑娘不仅长得秀丽、端庄，还是干活的一把好手。客厅的东面是一面靠墙的壁柜，壁柜的最上端是擦得锃亮的银器、绘有龙凤图案的盖碗，中间一层摆着家人的照片以及一些小的装饰物件，下层是中开门的柜子，许是装宝贝的地方。

奶茶很香、很浓，给奔波了两天的我补充了一些体力。风干的羊肉和新鲜的生牛肉让河北来的两位新朋友惊诧不已，但是我们三个青海人都抵不住诱惑，各自品尝了一点儿。

吃过生牛肉的我感觉和平时的我不太一样，身体增添了一种力量。难怪有人说过：吃素的和吃肉的民族，谁都认为离上帝更近，可实际上众生平等，何分吃素和吃肉。

但是，桑周的小姨子和一位长得非常漂亮、看起来是这家儿媳的两位女人却出奇地平静。她们没有城市人善于交际的表情，也不过分冷漠，只是照旧在炉边做自己的事，火炉里的火印红了她们的脸。

不知道，三月的巴塘草原，草未见绿，天空和河流在等待消融，女人们有多少事要做。等待的日子里，牛羊肥壮，日子一天比一天好起来。这期间，桑周丈人家里的女人，包括他的岳母，要做的事情就太多了，以至于做到晚年的时候，腰都塌陷下去了。

我走出院子，特别想和他们家的媳妇说上几句话，可是她听不懂汉话，我们无法沟通。我只能默默地看着她，把一块一块圆圆的牛粪饼从墙上揭下来再摆放整齐。

雪山比起我初来的时候更加耀眼，远远看去与天辉映，连地上没有发芽的草地也因了雪山的缘故，镀上了一层淡淡的银光。

除了桑周继续用汉话跟我们交流，其余人都沉默着送我们走出院外。正在干活儿的儿媳停下手中的活儿，用铁锹把支撑着下巴望着我。她的身段极其苗条，即使肥厚的藏袍也遮掩不住她美好的体态，在我眼里，就这样静静地站着已经是非常动人。这才悟出，藏族舞蹈中挺胸踏腰的舞姿为什么那么难以把握。假如没有经历过草原生活，没有在草原背过水，打过酥油，拾过牛粪，即使舞蹈家也跳不出那传神的富有弹性的韵味。

坐在车上，走了好远，我的思绪还停留在那个表情安详、歪着头、支着下巴、望着我的女人身上。

雪山依旧在蔓延。此时此刻，除了天空、雪山、草原，仿佛一切都不存在。桑周家里的人，一年四季对着蓝天、雪山和重复变化的草地，心中该留下什么呢？那些残留的梦幻和艰辛的努力，像沉重的心，又像风雪中飘缈的躯体，或者影子。最终都会和所有的人一样，把自己和世界连成一个永远也不完全的东西，一个永远有遗憾的生命。

如果不是外界力量的侵入，也许巴塘草原上的生活更加平静。

走了不过十里地，一排排揭起的草皮垒起的墙，令我触目惊心。那成片的，失去了草木护佑的土地，因为裸露变得干涩、生硬，正在趋向沙化。我不知道，那些草皮筑起的墙有什么用途，但是，我却看到了脆弱的伤痕累累的土地，在天地日月间流下的最后一行眼泪。

我一时茫然无措，生活中的罪恶、恐惧，一起向我袭来。割不断的愁苦，让我对未来失去了信心。

这是一片草原人世代依赖的草地。据说，五十年，一百年，被破坏的草地也难以恢复原有的模样。

三个天真的孩子，向我跑来，差不多一般大。黑色的头发乱蓬蓬地覆在额头上，一双双天真无邪的眼睛在阳光下闪烁。我给一个女孩拍了照片，然后给他们看相机中的女孩。他们嘻嘻哈哈地笑出了声，牙齿白白的。

这些孩子，已经到了上学的年龄，以后的路还很长。可是，草地裸露着身子，失去了草皮，孩子往后的日子该怎样过？

一种沉甸甸的感觉压迫着我，让我忘记了桑周的存在。桑周是一个富有的牧羊人，这几年，碰到好机遇，加上自己的勤劳，生活比以前不知好了多少倍。但是，我认为桑周不应该忽略这些已经荒芜了的土地。他很快乐地说笑着，完全忘记了这片草原曾经给予他的无限恩惠，忘记了这片草原和人之间亲密的关系。可是我相信，迟早他会清醒过来的。

就这样，一路痴想着，在雪山的映照下，走出了三月的巴塘。

三月巴塘
藏獒赤古的家
脑古努努的家

奶茶飘香
热情是火塘的牛粪
美如帐篷一角年轻妇人羞赧的脸
那低头摆弄着袍襟的妇人

我是投宿的远客

我是返回自己身体的影子

雪在天上

雪花大又甜

草根深处星星梦见了花朵

就像那些

灾难中嘴唇失血的人

和我一样梦回那健硕的身体

静好的生活

精彩 ——赏析——

本文写作者拜访牧民家庭的经历，作者主要描写的是牧民的家庭成员。先从牧民家的藏獒讲起，可以看出动物在这个家庭中有很重要的位置。接着，作者介绍了这个家整洁温馨的屋子、丰盛的食物、勤劳朴实的姑娘、小伙，着重介绍了他们一天到晚不停歇的劳动，正是这样的劳动孕育出独特的藏族舞蹈。正是这样的牧民家庭为我们展现出一幅和谐、自然的画面。而当离开牧民家，作者紧接着就看到了一排排被揭起的草皮，这样鲜明的转折，向读者传达出深刻的隐忧，使我们意识到，草原的生态正在趋向恶化。

祁连如梦

祁连山，遥远的边疆，承载了多少金戈铁马的历史记忆。穿越千年的历史，它依旧地老天荒地坚守在那里，纯洁得仿佛从未经历过岁月打磨。

草木在祁连山阳坡，展示的是繁茂、丰润。

可是山丹，亚洲最大的天然牧场，已然没有了过去战马嘶鸣、牧草连天的景象。

油菜花还在盛开，阳光灼热。

经过小平羌、大平羌沟之绝景，胭脂山就在前方。想当年，匈奴单于率猎猎骑兵，与大汉年轻的将领卫青、霍去病大战时，也是这样晴朗的天吗？这场战役最终以匈奴大败终结，维护了中原的和平。独留单于喟叹之声不绝如缕。

失我胭脂山，使我妇女无颜色。

但观两山夹接之势，阴阳坡景色之大不同，才悟出我巍峨祁连

171

峻山之重要。但风云人物的命运呢？同行朋友身为军人，西部情怀浓烈。遂在山下徘徊良久，吟哦不绝。

此次，跟随朋友，感受蕴藏在贯通祁连山高铁隧道筑路人身上大气磅礴的英雄气概，又一起穿过 9 公里长的隧道，来到胭脂山。可感受到的又何止这些？

纵望河西走廊，南岸祁连，山顶上有雪，其余裸露部分整体苍凉。一时无法确定，这样的荒凉是否会延伸到世界尽头。

嘉峪关北边的野麻湾，是镇守肃州长城的重要关口，曾经水草密集，如今失却了水分，成为腾格里沙漠与巴丹吉林沙漠连接的边缘。文殊山东头的青衣寺，气势恢宏，是古代皇太子为反抗统治者腐化、暴虐，出家当和尚时百姓自发捐资修建的。

河西走廊多庙，由于土质、空气干燥，依山而建，保存较好。因此，也才有了辉煌的艺术宝库敦煌莫高窟、榆林窟。

走走停停，一面是祁连山的白雪，一面是粗粝的黑山。

祁连山与黑山原本是一样俊秀、漂亮的姊妹山。由于黑山心胸狭隘，只许别人夸赞自己，便使出招数，让自己比祁连山高出了一半。玉帝大怒，派火德真君放火，烧得黑山浓烟滚滚。善良的祁连山一步一个头磕到天上，哀求玉帝原谅黑山。玉帝被祁连山感动，又划指为河，让祁连山将大火扑灭。

传说毕竟是传说。一切都有存在的理由。植被与河流，与地势、温度有关。人改变不了什么，只能遵从。

离开苍苍莽莽的胭脂山行至霍城。霍城是霍去病驻帐之地，没有找到古迹，就连路边的小杨树也消失得无影无踪。

草原金色的黄昏铺天而来，想起唐朝韦应物之作：

胡马，胡马，远放燕支山下。跑沙跑雪独嘶，东望西望路迷。迷路，迷路，边草无穷日暮。

"边草无穷日暮。"多好的诗句啊。绕了一大圈后，又从扁都口贴进祁连山，穿行在山谷中。

扁都口，是甘肃进入祁连山的山口。地位可想而知，假如匈奴之铁骑翻过胭脂山，踏入扁都口，中华历史又当如何书写呢？祁连山深不可测，历史总让身在现实的人思虑万千。

山谷中，白色帐房时隐时现，黑色的狗狂叫着。草原还是草原，只是接近了黑色，乌压压潮水般涌来。

我感到了潮湿，感到了呼吸的顺畅和自由。从祁连山阴坡走进阳坡，一切都不一样。

青海的青，不只是因为青海湖的水，还因为青海的绿，祁连山的水。祁连山的胜景也如横空出世，让走过山山水水的朋友大吃一惊。

但，通往祁连县城的路，总是寂静的。西部的旷达与辽远，在山与天空之间，在目力无法触及的草原深处。

伫立于卓尔山山顶，又一次坠入雾海。云朵在脚下游弋，山峰在轻轻摇荡。站在山顶，感觉自己与对面的山峰平行。有一种遗世独立之感。山腰间平缓的草地被金黄的线条切割成碎片，兀自靓丽。

许多次，穿行于草原，伴着细小的水流，闻着野蘑菇的清香，越丛山而过。然而沉醉的感觉，没有一次是相同的。314省道溯河谷而行，山下谜一样的村庄一闪而过。一片云飘了过来，落下了阵阵细雨。湿雾中，祁连山像天宫、天边、天界。自高坡倾斜下来的绿，瀑布一般流淌。

有一次，自冷龙岭出祁连高铁隧道，到山丹、胭脂山，再从霍城回到扁都口，一直在祁连山身边环绕。这不是简单的游历，而是一种难得的经历，是内心体验的冰山一角，却又壮观而繁复，沉重而欣慰。假如没有这座山，至少，巴丹吉林沙漠的大风，有可能荡尽大青海的旷野与草原。

此刻，这座山像一个伟岸的男子，一个慈爱的父亲，凝视着我这个只顾及眼前野花的女人。

但是，又不得不说到野花。祁连山腹地，任何一条河沟里的野花，都是海洋，是微波不惊的茫茫大海。当然，这完全不是人工种植的薰衣草能给你的，也不是法国普罗旺斯装饰一新的美。紫色的马莲、粉色的柳兰、黄色的马先蒿，各自为阵，与云卷一起从天而降，令人目眩，望洋兴叹。似有一种野性的力量在向你挑战，向你示威。唯一的愿望就是臣服于此，卧于花丛，让身体融化。

前面的山体在滑坡，一连几天的降雨使公路右侧的山石松动滚将下来。我们疾驰而过，但河沟里的景色依旧明丽、依旧难忘。

一位戴红头巾的年轻女人，直起身子定定看着我们。她正在采蘑菇，手里提着篮子。问她路："去天峻的路对吗？"她遗憾地笑了，"对是对，可是河水冲坏了桥，你们过不去。"

不甘心，又往前走了一阵。果然，原本连接河沟对面公路的桥——去天峻的路，只剩下露出累累青石的半边桥墩，一任翻滚的水浪冲刷。

和朋友下车，面面相觑，又相视而笑。看样子，今天无论如何是走不出祁连山了。只有重返祁连山下，再度过一个云遮雾罩的夜晚，明天一早越达坂山返城。

走吧，祁连山。重新上路，目的地还是这座山，这片妖娆的牧场。

回首眺望，年轻的女人还在采蘑菇。她哪儿也不去，哪儿也不想去。她的头巾鲜艳明亮，她的笑容朴实真切，与草原融为一体，与祁连山合而为一，成了最美的风景。

这不就是我日思夜想的生活，我青春般干净的梦吗？

精彩赏析

本文以抒情的笔调，介绍了祁连山的美好风景和人文内涵。我们沿着作者的足迹，一一领略到祁连山的历史事件、神话传说、古建筑遗迹、地形、气候、自然景观。文章寓情于景，想象与现实、历史与自然相互交织，用优美细腻的文笔为我们描绘出祁连山寂静、空旷、质朴的景色。特别是路边戴红头巾的女人，更是点睛之笔，她朴素的笑容、红头巾鲜艳的色彩与草原融为一体，不慌不忙、好似永远站在那里采蘑菇的姿态，更加烘托出草原独特的美感——人与自然和谐相处，仿佛自远古以来从未改变的纯净与苍凉。

春天的青海湖

❀ 心灵寄语

> 青海湖的春天多雪、多风，显得格外冷，但这份严酷却使它形成了独特的生态系统，养育了高贵优美的生灵。

青海湖的春天来了。

深居内陆的青海湖，春寒料峭。但即使这样，当平原上的蜡梅、迎春、玉兰竞相开放，青海湖沿岸看似枯黄、平淡的河谷灌丛，高寒草甸，流石坡上的点地梅、晶晶花、微孔草也在悄悄发生着变化。特别是环绕青海湖的西北针茅、沙蒿和芨芨草，高寒草地上的紫花针茅、冷蒿、凤毛菊、冰草、铁线莲也都在春天清冷逼人的空气中渐渐吐出了新蕊。

青海湖的春天是多雪的。

刚刚伸出黄绿色嫩芽的草叶在一场大雪后，会被积雪层层遮盖。可等到正午，太阳出来了，雪化了，植株矮小的野花又会马上露出温柔甜美的身姿，在白雪滋润过的土地上微笑。你还会惊奇地发现，雪后的草地、坡塬深褐色的地皮，连一小片叶子都来不及长大的枝干上，会冒出一朵蓝色、紫色、黄色的小花；一只、两只冬虫夏草黑色的脑袋，抱团取暖，匍匐在地。

第二天清晨，灰色的云沉甸甸地挂在天上，大朵大朵的雪花复又落在小草、野花和湿润的沼泽里。然而，不必担心。春天的雪是有温度的，像暖洋洋的潮水，漫过大地，使青草的身子、龙胆的花叶、绿绒蒿的娇容在阳光下重现，在不经意间，将薄雪轻轻抖落。仔细听时，还能听见飘零的种子、蛰伏在地下的根茎发出的一声声欢笑。

就这样，在一次次璀璨的白雪中，被草原人称作格桑的野花，被雪水滋润的草甸，复苏的眼子菜，终于在海拔 4000 米以上的青海湖沿岸，发出了奇香。

此后，又一批繁衍生命的种子，继续耐心等待，一直到发芽、生长、开花、结果……

这个季节，从冬季牧场迁徙返回的牛羊，闻到了青草的香味。

朴实敦厚的牧羊人，按捺住心跳，在期待中，渴盼草木丰盛、鲜花怒放。

这个季节，人们有太多的理由，幻想未来……

这个季节，草原把阳光收进了自己的身体……

大地回暖，春草萌动，白皑皑的山峰露出了山的原色。青海湖流域的无数条河流，在冰雪覆盖下，长长地吸了一口新鲜的空气，活动着有些僵硬的身子，开始缓缓流动。

青海湖人，从不敢忽视那些看似不那么宽大的每一条小河、小溪，如果没有它们，青海湖也许早已变成死水，早已干涸成盐池。所以，草原上，牧人的帐房要扎在离河不远的地方。只有面对流淌的河水，他们的心才会安定下来，他们的日子才会慢慢地过下去。

环湖周围，与青海湖直接有关的河流很多。径直入湖，流域面积较大的是伊克乌兰河、哈尔盖河、布哈河。还有一些虽不直接入湖，却不影响与青海湖之间亲密的关系，比如希格尔曲、夏尔格曲、峻河和夏日哈河，同样属青海湖水系，同样源于四周连绵的群山，以青海湖为最后归宿，滋养着大湖，庇护着诱人的水域。

青海湖的春天是多风的。

因为风，青海湖有了两种特有的解冻方式——"武开"和"文开"。

文开优雅，于夜间悄然进行。狂风后，千里冰封、晶莹璀璨的湖面，会在一夜间，成为平和如镜、青蓝透绿的一湖春水，碧波荡漾；武开的前奏还是风。但因风力过于强大、威猛，冰层内温度陡然升高，致使湖面在瞬间炸裂、分离、漂移、撞击，咆哮如烈虎、如战场，景象极为浩大壮观。可欣赏到武开，要靠运气，只有常年在青海湖边生活的人，才能偶遇。可不管怎样，从青海湖融化的那一刻起，青海湖流域，暗藏着生命迹象的琼浆玉液，便会似春潮般缓缓而来，不可阻挡。

春天的晴空下，湖水开化，湛蓝无比，洁净无比。远处的山峦清晰可见，连绵不绝。举目远望，环湖碧草无止无尽，鲜嫩欲滴。在湖岸生活的人，顿时神清气爽，头脑清净，呼吸顺畅，忘记了尘间烦恼。

5月，一阵小雨过后，青海湖畔浅浅的山麓、相对低洼的地方，冒出了青稞葱绿的嫩苗。青稞的模样与春小麦相似，但颜色偏重，是深墨绿。认真看时，才知青稞的麦芒比麦子长，略显粗糙，边缘密布纤细小刺。肉眼看不出来，可以用手摸，青稞的穗沉甸甸的，与麦穗给人的手感不同。

此时，青海湖的春天真的来了。

青海湖的春天，不像平原春水细雨中抽丝的青柳，也不像桃花般嫣红的江南少女。青海湖的春天是狂喜的诗、翻卷的风。阴阳交汇，生命力强盛。是月亮、母亲，叫人忘却忧伤的梦。更何况，只有青海湖的春天，才能让你亲眼目睹海拔 3000 米以上的野生植物，如何在雪中抬头、绽放，如何在荒芜寂寥的大地、冰雪飘零的天空敞开胸怀、拥抱生命。让你感受到草原人并非单调、枯燥的生活。

你还会发现，青海湖人不可能轻易摘取一朵小花，也不会随心所欲地捕捉每一条游动的小鱼、小虫。

春天里，牧人们需精心侍弄降生的羔羊，修补帐篷，编制毪毲，准备嫁衣，在忙忙碌碌中迎接夏天。

高贵的天鹅心满意足地离开了青海湖。但是，来自东南亚的斑头雁、棕头鸥、赤麻鸭、鱼鸥、鸬鹚却又日夜兼程，不辞辛苦地向青海湖奔来。

你无法倾听鸟儿的内心。却可随意看到，每一只展开双翅的鸟儿，在青海湖满怀爱意，对爱侣诉说衷肠，或追逐配偶、欢悦腾飞的情景。你会发现即便是舞蹈、唱歌、捕食，它们的心思也全然不在自己身上，只围着、顾着、恋着亲爱的伴侣、即将出世的幼鸟。五六月，雌鸟开始孵卵，候鸟已不像初来乍到时那般兴奋、好斗。雌鸟在窝中安心孵蛋，雄鸟在一旁精心守护，或飞来飞去为雌鸟觅食，等待小鸟出世。

20 多个昼夜的孵化后，幼鸟破壳而出。雪中，金黄、赤色、栗色的绒毛像风中的花朵，橙色的小嘴巴轻声唤着，嗷嗷待哺。

这就是青海湖的春天。

白雪中大地返绿。劲风中湖水绽开。微波中迎接着迁徙的候鸟。在这样的地方，如果你是一棵小草、一朵花、一只小鸟，该有多么幸福。

在多次往返青海湖的途中，我曾经多次吟诵：

我希望独自

在奶与蜜的岸边

在你的岸边，一天

又一天，直至

你的蓝色的盐分使我变成化石

直至你的湿润的嘴唇使我的骨骼松软……

我愿意就这样进入梦乡

裹着清晨的白露

枕着湖水的波涛

像一尊雕像

看着你怀中抛出的星星

再落到你的身旁

远处，偶有几只鸟飞过

那是去蛋岛孵卵的斑头雁

他们和我一样热爱你

只是比我更执着

我愿这样死去

在湖岸金黄的色块里

在温暖中隐藏

看不见一切

发不出声响

什么也不想不闻

除了水与太阳

太阳与水

青海湖啊！谁能夺去你的精华

精彩
赏析

本文以十分细腻的笔触描写了青海湖春天到来的景象，特别突出了高原地区春天的特点。

青海湖的春天不是阳光明媚、春风送暖、花团锦簇。它不仅来得晚，而且是多雪的、多风的，作者详细描写了在这样的条件下，小花、小草在风雪中慢慢冒出、河流一点点解冻、各类禽鸟陆续飞来产卵、孵卵的过程。青海湖的春天虽然不像别处的春天那样热闹，却也更凸显出此地生灵顽强的生命力，特别是鸟儿在青海湖产卵的场景，写得十分细腻生动，表现了在这个荒凉之地中所蕴含的勃勃生机。结尾处的诗升华了情感，表达了作者对青海湖的赞美。

天 鹅

🌸 **心灵寄语**

> 天鹅的美，不仅在于它优雅的体态、洁白的羽毛，也在于它高贵、宁静、清幽、坚贞的品格，只有最美丽纯洁的地方才是它最好的栖息地。

擅长捕鸟的俄罗斯猎手鲍里斯·伊万诺维奇，悄悄走到天鹅的近处，举枪瞄准。忽然想到用小散弹打大天鹅的头部能多打几只，于是打开弹膛，退出大散弹，装进小散弹。正待开枪，又觉得打的不是天鹅，而是姑娘。他放下鸟枪，观赏了半天，然后悄然后退，后退，最终离开了那个地方，让天鹅一点儿也不知道有过可怕的危险。此后，猎手伊万诺维奇放弃了打猎这个行当。

此时，天鹅是一个被赋予姑娘身份的存在。姑娘触动了猎手的情感，让猎人放下了杀戮者的身份，不但救赎了天鹅，还让猎人成了一个欣赏天鹅、欣赏大自然的人，从此他不再被任何猎物诱惑，而被美丽的天鹅赋予了美丽人生。

落雪了，在巴音布鲁克湖生活了一个夏天的天鹅，安静地，不慌不忙地来青海湖过冬，一只接着一只……

未凝固的湖水，在黛色的微光中迎接了天鹅。天鹅感到湖水冰冷、苍凉，同时也明净、澄澈。

天鹅雪亮的眼睛，在清幽幽的天空下闪烁。

天鹅预知，羊年春夏，是转湖之年，这使得它遥远的旅行顿生吉祥。也没有让它因为没有飞到印度，或更远的红海、地中海沿岸过冬感到遗憾。

天鹅在飞翔，眼见金黄色的草无边无际，在青海湖湖岸滚动。身子下面闪光的湖面波光粼粼，像一面镜子。

它继续划动翅膀，在露出层层皱褶的远山间飞行。

天气还冷，吹起了冰冷的风。鱼鸥和斑头雁度过热闹的春夏后，带着学会飞翔的小鸟飞走了。一行排好队形的大雁，从天鹅身边匆匆飞过。

天鹅收起翅膀，停了下来，极其敏感地四处张望。

没有一丝风，没有一朵云。它仰望苍天，天空如春水荡漾；它远望湖水，清晰地看到了海心山秀丽的轮廓。怎么还有几只赤麻鸭、鸬鹚没有飞走，踯躅在湖面？

天鹅的家乡在新疆的巴音布鲁克。巴音布鲁克在天山，是巴音郭楞蒙古自治州和静县境内的一片湿地。

夏天的巴音布鲁克，河流密布，草木茂盛，远处的山峦覆盖着白白的雪。天鹅在雪山下孵卵生子，在沼泽地轻歌曼舞。

很多异地的朋友慕名前来看望。

它有些腼腆，有些羞涩，也有些担心。它躲在草丛里，让不远千里万里来看望它的人，只见到一峰瘦弱的白骆驼，一群蜂拥而至的大蚊子。当然，还有河流，像小龙一样轻盈、飞舞，转了十八个弯也舍不得离开天鹅的开都河。

天鹅也一样，留恋每一条河。开都河不仅养育了天鹅栖身的这片高山湿地，是巴州的母亲河，还是淡水湖博斯腾湖的源流。

魅力无穷、泉水丰美的巴音布鲁克草原由此绽放，成为开都河、伊犁河等九大水系的发源地。

选择这里作为家园的理由是充分的。天鹅喜欢宁静、安逸，更喜欢雪。

太阳升起来了，天鹅洁白的羽毛，镀上了一抹金辉。

天鹅知道，从英格兰、北欧、亚洲北部飞来的大天鹅、小天鹅、疣鼻天鹅也要在这时到青海湖过冬，可不知它中意的那位姑娘还来不来，它心里没数。

天鹅抖动双翅，飞过微露晨曦的天空，落在蛋岛上，乌黑的眼珠机敏地四处巡视。

蛋岛天高水阔，静谧安详，是理想的过冬之地，湿生植物苔草、扁穗草、杉叶藻、冰草遍地丛生，但是，它应该在哪里停留？

天鹅无数次地听到过诗人的赞美，最满意的是美国当代优秀的大自然诗人玛莉·奥立佛的吟诵：

你也看到它了吗？漂移，整夜，浮于黑色的河溪

你看到它了吗？清晨，升起进入银色的空气

一捧白色的花朵，

一缕丝绸和亚麻的完美抖动，当它倾靠

进到它自身的翅膀边缘；一个雪的岸，一岸的百合，

它在用黑色的嘴将空气咀嚼？

你听到了吗？长笛和口哨

一种尖锐又隐秘的音乐

——好像大雨倾洒树林

——好像瀑布快刀直下黑色的岩坡？

而且你看到了吗？最后，就在云层底下嘞

——一个白色的十字架贯穿流入天空，

它的脚好像黑色的叶子，它的翅膀好像河流延展的光谱？

而且你感受到了吗？在你心里，它怎样关乎于一切的道？

最后你也同样明白，美是为了什么而显露？

并且已进入了你的生命？

天鹅以为，这符合自己的天性，为此感喟美的意义、生命的不朽，并为人类能够理解自己，深感欣慰。

12 月的青海湖，没有完全结冰。湖畔金黄色的草地在清幽幽的天空下闪着亮色。黛色的远山遥不可及，伸向远方的路到了天边。即将凝固的蓝，一望无际。

天色大亮，蛋岛还沉浸在静谧之中，普氏原羚正在离天鹅不远的地方享用早餐，一队队排好漂亮队形的大雁从头顶飞过。奇怪的是，一只寂寞的小鸬鹚独自徘徊在小岛上。

为什么还不离开呢？这只孤独的鸟，拍打双翅，摆出各种各样的姿势，是为了引起天鹅的注意，还是有其他原因？

难道青海湖别有隐情……

鸟类喜欢群居，特别是天鹅。

这不，正有约莫三千余只天鹅，悠闲地集中在泉湾附近湛蓝色的湖面上。湖水的东北方是可以遮蔽风寒的山峦，南岸尕日拉东侧泛着盐迹的暗红色滩涂，布满了低矮的苔草和鸟类的脚印。周围寂静无声，冷峻的旷野和柔软的画面，如此优美，使这里成为永恒。

可即便是这样一个地方，天鹅也是敏感的，它懂得如何保护自己，它也明白生存环境的每一处细微变化。即使有一两个潜伏的摄影师，即使有几声相机的快门声，谨慎的天鹅，也会在不知不觉中，迅速而优雅地离去。

天鹅在岸边休息了一会儿，它打算中午再到水浅的地方觅食。

冬天的青海湖有许多不结冰的沼泽地，有水生植物，还有可以捕食的微生物。但是，天鹅感到，它所熟悉的青海湖流域发生了某种变化，不像以前那样容易找到合适的地方休息，它为此感到困惑。

最终，天鹅选择了一处相对干燥，微微隆起的湖沼筑巢，瘦弱的芦苇和低矮的苔草，勉强可以蔽体。

它安顿下来，舒了一口长气，放松身体。不远处就是帕尔琼席勒河，此时，河水已经断流，只有泉湾湿地附近还有一片未结冰的湖水。

天鹅想了想，换了下姿势，理理羽毛，近距离地欣赏着即将和自己在这里一起越冬的伙伴，它有些如痴如醉。

美艳的太阳照着湖面，远处的山脉，冰雪耀眼。暖洋洋的日光下，上千只天鹅，静静地漂浮着，好像天生就知道自己有多美。轻松、舒畅地拍打着翅膀，相互追逐，喃喃自语。

其实，看似柔软无骨、娇媚多姿的天鹅秉性刚烈。天鹅热爱自由，只服从心灵的召唤、天地的召唤。它们无拘无束地生活在远离人类的湖畔、沼泽。不破坏别人的家园，也绝不容许其他禽类侵犯。假如遇到危险需要集体应战时，集结的号角响亮而忧郁。

而广阔无垠的天地间，天鹅是美的。它沉静的面孔、圆润的形貌、优美的线条、洁白的羽毛、传神的动作，甚至睡眠时沉默的姿态，都令它仿佛天使的化身。

　　天鹅也绝不是某一个地方的点缀品。它的妍美、高贵、纯洁、温暖，会让所有的人放弃罪恶之念。

　　天鹅将爱情看得至高无上。一旦相爱，便会全心全意，绝不朝三暮四。但在决定终生厮守之前，一定要经过长时期的考验。心生爱慕的一对，在迁徙时，会随着各自的队伍上路，而后分居两地，音讯杳无，直到来年春季重逢。分别的日子里，爱情将经受各种考验和诱惑。

　　天气转暖，倘若双方都能回到原来的栖息地，就继续相爱，直到下一次迁徙，下一次分离。如此三载之后，若爱情已逝，便友好分手。若仍然牵肠挂肚，就结为夫妻。当迁徙再次开始时，其中的一只会义无反顾地离开自己的团队，与对方同行。

　　从此，无论寒暑、饥饱、晴雨，都将相依相伴，如影相随，不离不弃，直到生命的最后一刻。

　　如果一只不幸死去，另一只会为对方"守节"，绝不再娶或再嫁，直至终老。

　　一想到这些，天鹅黯然神伤。心中惦念的姑娘在哪里呢？它们已情投意合。

　　夜晚降临，星光灿烂，空气还是那么晴朗温柔。风从北岸吹来，湖水在夜幕下变得黢黑，但依然不能平静。天鹅还在湖上逗留，在黑色的夜里低沉地说着悄悄话。静默的时候，还会有一声高亢的炫音，一声似叹息般凄婉的哀鸣从湖面上传来，那不是别的，正是天鹅自己的歌唱。

　　在一切临终有所感触的生物中，天鹅会在弥留时歌唱，用和谐的声音作为最后的叹息，作为对生命哀痛的告别，在挽歌声中气绝。

风从远处飘来，青海湖浩瀚无边，如玉石如银镜闪烁。可天鹅忧心忡忡，一心想带走自己心爱的姑娘。

青海湖美丽清澈。天鹅啊，你可知，人类的心事太重，深不可测。

去巴音布鲁克吧！回到那片丰饶的牧场，那是一片饱含热泪，完全禁牧，能够庇护爱人的地方……

精彩赏析

本文的主题是赞美天鹅的美。作者并未详细描写天鹅的外形，而是大量运用烘托的手法进行表现。以俄罗斯猎手鲍里斯·伊万诺维奇的故事作为开头，还未描写天鹅，就已经使人领略到天鹅的美。接着作者描写了纯净、水草丰美的天鹅栖息地，突出了天鹅宁静高贵的品格。接着，作者描写了天鹅警惕、难以接近的习性，天鹅对爱情的忠贞以及死前歌唱的行为，呈现出了天鹅是一种优雅、美丽、有灵性的鸟。最后，作者向天鹅呼吁"回到那片丰饶的牧场"，一个"完全禁牧，能够庇护爱人的地方"，表达了希望天鹅能免受生态繁衍生息、恶化影响的强烈愿望。

闻 香

> 我们长大后，总喜欢回忆往事。童年的那些美好承载，往往是回忆的主体。一块枣糕，承载了我的童年，也承载了我对姥姥的思念。

青海的夏天是随着端午的沙枣花和我姥姥蒸出来的枣糕一起来的。

这时候，也许平原上的大城市，已经热得让年轻的女孩子穿上了吊着两根细带子的花裙子；已经让人们忘记了春天曾经带来过的欢乐。但是，在高原，如此艰难到来，又十分短暂的夏季，是会让所有的人兴奋不已的。

我是不着急换下春装的，我要等到我姥姥在端午节这天，给我吃过枣糕，给我戴上香包，才把长长的头发扎起来，正正经经地过上有鲜花，穿长裙的日子。

这些习惯都是姥姥惯下的，谁让姥姥做的枣糕太好吃了呢，而且好吃的东西，又有谁能忘得了呢。所以，如果吃不到枣糕，夏天即使来得再怎么迅猛，也会失去至少一半的意义。

189

枣糕是姥姥在端午节来临的前一天，用一夜的时间做成的。

先是把上好的糯米挑干净了，用冷水泡，然后把切成薄片的红枣和淋干的糯米和均匀了，放在铺着棕叶的、大大的竹子编织的蒸笼里，再用棕叶包好，放在炉子上蒸。

这看上去非常简单的过程，其实有很多讲究。首先得选米，饱满的糯米、晶莹剔透的糯米，早就让姥姥细细地选好了。接下来是泡米，泡米是有讲究的，时间不能过长，也不能过短。上锅了后，火候的大小不能太大，也不能太小，要一直保持恒温。再次，蒸枣糕的蒸锅不能用铝制的，也不能用塑料的，只能用传统的笼屉。最后，也是最累人的，是要不时待在锅灶旁边，往炉灶里细细地、慢慢地填小颗粒的煤渣。用电灶，或者是煤气、天然气什么的蒸，效果会大大不同。

守候在炉灶旁边的姥姥非常辛苦，只能在往炉灶里填进几粒煤后，躺在床上打个盹。然而，很快她会惊醒，又去炉灶旁观察火势的大小。一直到天亮，窗外传来几声喜鹊清脆的叫声。

这是一年中最幸福的早晨，喜鹊在园子里叫，沙枣花的味道早就飘进了屋子里。姥姥家的大门上插着一把新鲜的艾草，每间屋子的桌子上都放着彩色的大花瓶，花瓶里插满了带着露水的芍药和洋竹兰。

我和弟弟，还有大舅、二舅的孩子，头一晚都是要在姥姥家过的。第二天早晨，还没等我们醒过神来，姥姥已经用棉花棒把泡过雄黄的酒，蘸在我们的耳朵里。据说，这样可以让我们在夏季避免蚊虫叮咬。雄黄酒气味浓烈，让我想起因为闻到它重新变成白蛇的白娘子。可是，最吸引我的，还是早在大案板上晾好的枣糕。

枣糕端上来了，每个人的面前摆了一盘，散发着棕叶与糯米的清香。桌子的中间放着两个大碗，一碗是红糖加了桂花，经过熬制的汁；一碗是姥姥不知用什么法子调好的蜂蜜。我喜欢吃加红糖的，把它轻轻地浇在切成薄片的枣糕上，枣糕会突然变得透亮、红润，再咬上一口，那柔软、嫩滑、甜蜜的滋味，会一起涌上心头。

姥姥会看着我们吃，每咽下一口，她都会轻轻点一下头，直到我们吃不下去了。

为了这个缘故，姥姥说，她的辛苦没白费。蒸枣糕的过程复杂，但姥姥从来没有失败过。姥姥在家里是老大，没有念过书，从十二三岁起，就在娘家宽大的厨房里干活了。姥姥做的什么饭都好吃。姥姥的弟弟成了西安一家医院的骨科专家，有一个妹妹是省上有名的戏剧演员，姥姥也是这个世界上顶顶聪明的人，她心里的巧劲许多读过书的人都赶不上。刚解放的时候，政府办了识字班，让没读过书的家庭妇女参加学习。考试时，要求写出 100 个字才算合格。可姥姥写到 99 个字的时候，再也想不出来了，她咬着铅笔，使劲琢磨。突然，瞧见了监考老师胳膊上带着的一块孝布，灵机一动，添上了一个大大的孝字，挺着胸脯第一个走出了考场。

这是姥姥一生中非常得意的一件事，我也觉得是。

枣糕是姥姥一年才做一次的食品，送给我们的礼物，像花儿一样芬芳。只有吃了这样的枣糕，一年中美好的季节才从我心里真正开始。

但是，什么事都会变的。首先是我的母亲似乎不大情愿学做这些家务，只有姥姥快要把凝固住的枣糕从蒸笼里拿出来，放在案板上了，母亲才会从自己家里懒洋洋地走来。多半是一坐下，就会品尝到还留着余温的枣糕，然后用一双好看的眼睛不断称赞。

看到女儿的模样，姥姥一夜的辛劳全都忘得干干净净，脸上的皱纹变成了月牙，根本想不到需要把自己的看家本领传授给女儿。

其次，就是城市大面积的拆迁。很快，姥姥家的四合院就保不住了，粗壮的沙枣树被连根拔起，花园里粉色的喇叭花、红色的大泡花连同赤色的金盏花都被踩到了脚底。就说一个花盆吧，家里摆弄的花盆远远比不上在花园台子上平放着的，这会儿偏要在太阳正好的时候被抱进去了。还有啊，姥姥院里两边的凉屋也没了，那可是冬天腌大白菜的地方。最最可怕的是，姥姥的大厨房里，锅灶被拆除，大锅被人端走，擀面条的大案板也不见了。

我的姥姥面对这样突然的变故，显得有些不知所措。她在变得荒凉了许多的园子里来回走着，放下这个，又拿起那个。就连藏在厨壁里的耗子，也窜来窜去不知道该往哪里跑。

三间敞亮的大屋里，充满了土腥气，窗子松动了，门也似乎不那么踏实了，开起来的时候，变得颤颤惊惊的。

我从小住在楼上，楼上有木地板、水泥池，就是没有草，没有花。所以，姥姥的四合院成了我心目中的百草园。我喜欢在春天到来的时候，在夏天温暖的日子里，或者在撑饱了肚子后，在黄昏的院子里，跑来跑去地玩。小时候，姥姥还专门为我种凤仙花，给我染红指甲。即使到了冬天，有花园的四合院里也没那么寂寞，树枝虽然是干的，却能引来一群麻雀，叽叽喳喳叫个不停。

可是，这一切都要消失了，连同姥姥厨房里飘出来的香味，还有那些迷人的节日。

母亲想起姥姥，总在流泪。端午我去看望她，她在厨房忙活了半天，才端出来一盘买来的粽子，用红糖水浇了让我吃。我咬了一口，吃出来的全是红糖的味道，而且米生硬、粗糙，像是掺了假。我皱了皱眉头，抬起头看见母亲谦意、无奈的眼神，才没说出让她生气的话。

因为姥姥的娇惯，母亲到现在连一只粽子都不会包，别说蒸枣糕。当然，更不能指望我，长这么大，我连一个馒头也没蒸出来过。

今天，又是端午，又是沙枣花开，艾叶挂在了门上。可惜，可惜，我的姥姥早已故去，我的母亲，年龄也大了。岁月多么无情，很多很多曾经拥有的东西，就这样，像流水一样匆匆而去，再也回不来了。

精彩 —赏析—

全文以枣糕贯穿全文，讲述了端午节姥姥蒸枣糕的故事。开篇"青海的夏天是随着端午的沙枣花和我姥姥蒸出来的枣糕一起来的"把夏天和姥姥的枣糕联系在一起，点出枣糕在"我"心中的分量。"可是，这一切都要消失了，连同姥姥厨房里飘出来的香味，还有那些迷人的节日"，四合院被拆，承载了"我"美好记忆的童年的枣糕的香味也随之消散，暗示"我"的童年一去不复返。

迪丽玛尔

❀ 心灵寄语

　　人生是一趟开往远方的列车，而我们手里紧握的却是一张单程票。不管是过错还是错过，过去的都不会重来一次。但是我们不能因为错过而遗憾，因为只有遗憾才能丰满回忆。

　　第二天清晨，美如花园的那拉提草原散发着青草的、鲜花的、马奶子酒才有的香气，白色的毡房前，晒满了圆圆的奶疙瘩。我们走进公路边一户哈萨克牧民家，他们有 150 只羊、15 匹马，一只身患残疾的小羊，一个在新源镇读初中一年级的孩子迪丽玛尔。马奶子酒和奶疙瘩可以出售给过往的旅人，毡房还可为来那拉提行人提供食宿，一家人过得安逸舒适。一头栗色的短发紧贴在迪丽玛尔脑门上，看不出是男孩还是女孩。那只残疾的小羊由迪丽玛尔用马奶喂大，婴儿似的双眼一刻不停地追随着迪丽玛尔，发出软绵绵的叫声。不一会儿，迪丽玛尔从毡房里走了出来。她穿着粉裙，戴着饰有白色羽毛的帽子，成了一个乖巧伶俐的哈萨克小姑娘。

　　迪丽玛尔的哥哥住在不远处的毡房里，另立门户。那是奶奶留给孙子的家。

　　小姑娘迪丽玛尔很想让我到他哥哥的毡房去，她拉着我的手，小心翼翼地走过一片长着萱麻的草地，轻轻迈过一条湿润的小水沟。毡房里挂满了娟秀的手工绣品，地上铺着做工精细的深红色花毡。被褥是新的、靠垫是新的，更好看的是迪丽玛尔的新嫂子西娜尔，才 21 岁，像一朵未来得及吐艳的金莲花。

　　西娜尔是今年元旦才娶过来的，她纤细的手抚弄着围巾里露出来的黑发，腼腆含羞。喜欢新嫂子的迪丽玛尔和我一起细细端详着她，她的眼睛又黑又亮，在浓浓的长睫毛下闪动着波光。娇艳的面颊桃花一样鲜亮。不一会儿，迪丽玛尔的哥哥回来了。他坐在毯子上，用毛巾擦着汗津津的脸。他和自己的妹妹一样长着圆圆的脸，栗色的头发，歪着头似乎不经意地盯着新娘。

　　我明白了，是迪丽玛尔想让我看看她美丽的新嫂子，才拉我过来的。回去的时候，我们绕行到公路边，迪丽玛尔提议一起去爬山。赫斯拉夏山就在眼前，美貌秀丽，松石一样深邃的草地可以把我们带向山的那一边。这让我心生幻想，顾盼良久，但时间不容许我们单独行动。迪丽玛尔有些遗憾，我也是。迪丽玛尔指着我包上的一个小猩猩毛绒玩具，让我留给她。包是儿子给我买的，玩具是配在包上的饰物。我摸摸包上结实的金属链子答应她，等回到毡房前，让他的父亲帮我们取下来。

　　英和朋友在小河里洗手，孩子们在辨认不同的野花。英绿色的长裙与孩子们的笑声来回飞舞，像蝴蝶融化在草原的世界。我发现一朵很小的向日葵兀自独立，在草丛中羞涩地扭着身子，十分可爱，跑过去拍了几张照片。一抬头，迪丽玛尔不见了。这时，英的姐姐、姐夫来了，要马上接我们去伊宁市。

　　我焦急地呼喊着迪丽玛尔的名字，却不见她的踪影，心里空落落的。坐在车上，我拿起包，发现小猩猩玩具不过是一个挂在包上的小钥匙链，很容易就能拿下来……

精彩
—赏析——

　　"他们有 150 只羊、15 匹马，一只身患残疾的小羊，一个在新源镇读初中一年级的孩子迪丽玛尔""150 只羊""15 匹马"通过数字告诉我们这家牧民的生活条件很好；"一只身患残疾的小羊"单独介绍了一只残疾的小羊，说明这家人很有爱心；"一个在新源镇读初中一年级的孩子迪丽玛尔"，将羊、马、孩子并列，说明在牧民眼中牲畜和人的地位是平等的。

▶ **预测演练五**

1. 阅读《美妙的生命》，回答下列问题。（7分）

（1）从全文看,可可西里的动物经历了哪些方面的考验?（3分）

_____

_____

_____

（2）有人说，本文赞颂了关爱生命的人性之美；有人说，本文控诉了猎杀野生动物的罪恶行径。结合文章内容，谈谈你的看法。（4分）

_____

_____

_____

_____

2. 阅读《春天的青海湖》，回答下列问题。（10分）

（1）试分析下面这段话的修辞手法和艺术效果。（4分）

春天的雪是有温度的，像暖洋洋的潮水，漫过大地，使青草的身子、龙胆的花叶、绿绒蒿的娇容在阳光下重现，在不经意间，将薄雪轻轻抖落。仔细听时，还能听见飘零的种子、蛰伏在地下的根茎发出的一声声欢笑。

_____

_____

_____

_____

_____

（2）阅读全文，你认为青海湖与其他地方的春天相比，有什么特别之处？（6分）

_____

_____

_____

_____

_____

3. 写作训练。（60分）

　　藏羚羊生活在青海可可西里国家级自然保护区，是国家一级保护动物。藏羚羊能够适应青藏高原恶劣的自然环境，为寻觅足够的食物和抵御严寒，形成了集群迁徙的习性，它们成群结队在高原上奔跑，姿势十分优美。天鹅是一种大型水禽，国家二级保护动物，喜欢群栖在湖泊和沼泽地带。在中国，天鹅每年春天从南方飞向北方，在中国北部边疆省份产卵繁殖。

阅读以上材料，说说你最喜欢哪种动物，它们有什么特点，题目自拟，字数 600~1000 字。

参考答案

★ 试卷作家真题回顾 ★

【牧　归】

1.选择富有地域特色的物象，羊、牛、草原、白云等；空间由全景到特写，描写调动感官：色彩、声音、光影等；修辞运用拟人，赋予草原以及草原生命以欢快、和谐、融洽、温暖的韵致；语言形式长短交错，并列短句、短词居多，传达轻松、愉快、温暖的抒情节奏。（4分）

2."归"第一层含义实指草原牧民放牧劳作晚归团聚的生活情态，第二层含义指回归草原上生活着的生命那种顺应自然，自由、轻松、自在的生活方式。（3分）

3.本文以拉羊家的女主人、丈夫和女儿们为人物称谓，以草原一家人的视角（女人观察角度）再现牧民一天的家常劳作与生活；隐去姓名有隐去个体个性的意味；家庭身份称谓、性别称谓将人物作类别归属，突显草原生活赋予家庭不同角色、不同性别以特定的自然分工与责任；拉羊家一家的生活，他们与自然与牛羊的关系成为草原牧民生活的集中缩影，体现了草原生活的共同特征。（4分）

4.画线句选择了几个时间点，串起草原上一家人一天的生活场景，重点呈现晨光微露中醒来、挤牛奶、捡牛粪、打酥油等日常劳作，以及下午时间的恬静、温馨、悠闲无虑，傍晚牧归以后一家人佛事、晚餐、闲聊的淡然和睦；时间节点呈现了叙事材料的典型性，再现草原生活重复常态中的重点；以时间的自然推进为顺序组合全篇，叙事节奏自然稳定平静，与作者呈现的草原生活特点高度吻合，彰显对平淡宁静中归于自然、简单丰富而不乏味的草原生活的赞美，行文组织形式与内容主旨统一和谐。（4分）

★ 试卷作家美文赏练 ★

【预测演练一】

1.（1）运用神态描写，"格外地亲热"表现叔叔阿姨见到"我"的高兴心情。（3分）

（2）因为父亲既想让"我"吃上油炸花生米，又想和"我"多享受一会儿父女之情，这种纠结心理表现出父亲对"我"深深的爱。（3分）

（3）略。（想象合理、语言生动形象、连贯即可）

2.（1）C（3分）

（2）这篇文章注重描写月娥的内在心理，能直接揭示人物丰富的内心世界，从而使人物形象更加立体化，更具真实性。（3分）

（3）①作为线索，贯穿全文；②指代月娥所追求的美好事物；③象征月娥对迟到的母爱感到喜悦、激动。（4分）

3.略

【预测演练二】

1.（1）承上启下，既交代了上文在丁香树下细细张望的原因，解答了读者心中的困惑，又为下文找到六瓣丁香花作铺垫。（3分）

（2）心愿就是女儿对母亲的孝心。（3分）

（3）示例：女儿，我只想你让你快乐成长，可是我连这个也做不到。（4分）

2.（1）我：牵牛花盛开时节，让人喜不自禁，白天拍照发信息，晚上打电话向儿子汇报。朋友：淑涵早上特地赶来赏花，还专门为牵牛花画了一幅画；劳建忠专程去市场买花盆种牵牛花。（3分）

（2）这首诗道出李叔同内心的感叹，"悲秋"是在感叹人生，感叹昨日红颜今日暮年，千金难买寸光阴。作者引用诗句是与牵牛花盛开到枯萎的时间较短相呼应，进而感叹韶光易逝，我辈要常怀只争朝夕之心。（3分）

（3）示例：激励人们要读懂牵牛花，理解人生的含义、生命的价值。（4分）

3.略

【预测演练三】

1.（1）本篇文章分别讲述了父亲为新书包书皮和父亲带"我"排队买书两件事。（3分）

（2）①运用比喻的修辞，将书店比作一面飘扬的旗帜和一个温馨甜蜜的家，形象地表达了书店带给人们精神上的满足与幸福，也表达了作者对"一座城市因为有了书店，才有中心"的肯定，以及对书的喜爱与热爱之情。（3分）

②运用动作、神态、环境描写，将"我"还未睡醒就被父亲拉出来排队买书的情景，以及冬天早晨的寒冷，生动具体地描绘了出来，侧面衬托父亲对书的执着与喜爱。（3分）

（3）文中通过父亲对书的一系列行为，表现了父亲对书的重视程度：①用牛皮纸为书包书皮；②用钢笔按照封面的样子写上书名和出版社；③在扉页上签名字和购书的时间，并盖上印章。（3分）

（4）文章结尾段有总结全文，并深化文章中心的作用。同时，再次提及的书店与文章题目、前文相呼应。（3分）

2.（1）文章首段不仅点明了作者来到桂林后的行进路线，而且表明了文章主题和行文顺序。（3分）

（2）①运用比喻的修辞，将一家名为"西街往事"的店铺比作一张水墨画，生动形象地表现了店铺极具民间风情和浓重的文化气息，营造一种悠久、古老的氛围。（3分）

②运用比喻、夸张的修辞，将歌声比作慢板，形象地表现了歌声的特点——如泣如诉、忧伤。（3分）

（3）作者在文章后半部分简要叙述姑娘的爱情往事，一方面解释了碟片的来历，并说明姑娘只将碟片出售给特别喜欢的人；另一方面，姑娘的爱情故事为西街这个地方增添了人间最美好的情愫。（3分）

3.略

【预测演练四】

1.（1）这句话写出了不惹人注意的二月兰突然让作者感到惊喜，引出下文作者对二月兰的关注，并心生喜爱，同时与文章结尾呼应，

点明了二月兰的开花之盛。（4分）

（2）清秀，宁静，有旺盛的生命力，在人的不经意间默默生长，悄悄开放，不知不觉间长成一条流淌的河。（3分）

（3）作者看过了风姿卓立的山桃花、优雅高贵的玉兰，以及其他色彩斑斓的群花后，心里惦记的还是自己家附近公园里的二月兰，体现了作者对二月兰的怜惜和喜爱之情。（4分）

2.（1）野牦牛是生存于雪原上的勇士，而雪莲也像野牦牛一样有着强大的承受力、耐力与勇气，作者以野牦牛侧面烘托出雪莲的高贵、坚韧的美好品性。（3分）

（2）文章中引用了诗人古马的诗《幻象》，里面写到"明月雪莲"，雪莲如一轮明月悬挂在高原的上空，是圣洁而高贵的象征，以此为题既点明了文章描述的主体，又高度概括了雪莲的主要特征。（4分）

（3）这句话运用了比喻和拟人的修辞手法，分别写出了江河奔涌和河水断流时雪莲的不同状态，突出了雪莲守望着草原，能与风寒冰雪搏击的姿态，表达了作者对雪莲的喜爱与赞美。（4分）

3.略

【预测演练五】

1.（1）自然环境恶劣，狩猎者的围堵。（3分）

（2）示例一：本文赞颂了关爱生命的人性之美。可可西里的巡山队员们，将生死置之度外，付出惨痛代价来保护藏羚羊。

示例二：本文控诉了猎杀野生动物的罪恶行径。在偷猎者的枪口下，藏羚羊遭到残杀，美丽的可可西里变成了屠场，作者用濒临

灭绝揭露了偷猎者滥捕滥杀的罪恶行径。（4分）

2.（1）这段话运用拟人的修辞手法，将小草、小花、种子、根茎赋予人的动作，写出植物在春天发芽、生长时富有生机和活力的样子。（4分）

（2）青海湖的春天多雪、多风，来得晚，植物要冒着风雪顽强生长；牧民们十分忙碌，要干很多活儿；候鸟飞回来产卵，十分热闹。（6分）

3.略

— 试卷上的作家 —

初中生美文读本

序　号	作　者	作　品
1	安　宁	一只蚂蚁爬过春天
2	安武林	安徒生的孤独
3	曹　旭	有温度的生活
4	林　夕	从身边最近的地方寻找快乐
5	简　默	指尖花田
6	乔　叶	鲜花课
7	吴　然	白水台看云
8	叶倾城	用三十年等我自己长大
9	张国龙	一里路需要走多久
10	张丽钧	心壤之上，万亩花开

高中生美文读本

序　号	作　者	作　品
1	韩小蕙	目标始终如一
2	林　彦	星星还在北方
3	刘庆邦	端　灯
4	刘心武	起点之美
5	梅　洁	楼兰的忧郁
6	裘山山	相亲相爱的水
7	王兆胜	阳光心房
8	辛　茜	鸟儿细语
9	杨海蒂	杂花生树
10	尹传红	由雪引发的科学实验
11	朱　鸿	高考作文的命题与散文写作

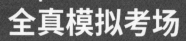
全真模拟考场
高频必刷真题，演练出高分

应试技能直升
阅读专题精讲，考试有高招

作文精修助手
在线纠错润色，练就范文水平

命题热点课代表
趋势快讯一手掌握，轻松迎战高